一生一代一双人

——纳兰容若词传

中国出版集团
现代出版社

目　录

卷三　肝胆相照的友情词

卷四　铁血饮马的边塞词

卷五　五味杂陈的人间词

后记

序　言

纳兰性德，原名成德，字容若，号楞伽山人。其父纳兰明珠，博览经史，精通汉满语言文字，曾官至加太子太傅，显赫一时。受父亲影响，纳兰从小好学不倦，熟读通鉴和古人文辞，少年时就因诗之超然、词之俊婉，为世所周知。纳兰不仅精文翰，骑射亦擅，二十二岁就被授为三等御前侍卫，追随康熙帝左右，深得隆遇。

本来，摆在纳兰面前的是一条仕宦可至将相的万里云衢，但他个性桀骜不驯，鄙弃官场的尔虞我诈，痛恨同僚的附庸风雅，无视功名利禄的诱惑，在入仕的路上自我搁浅。于是，他那一腔不屈的抱负，只能化成绵绵的情思，寂然吟出。这个过程无异于在病弱的残躯上一丝一丝地抽剥他那悲壮的天质，扯不断的凄婉、剪还乱的离愁、沥不尽的悲绝、锁不住的相思都是思想的灵羽，潮水般涌来。理想抱负在它们的裹挟下也骤然炸裂肆窜，文思却如野马一样飞驰起来。纳兰一直不知道，其实，这也是一种重生。

虽然官场让纳兰厌世，诗词却让他不肯轻生，他的词，一字一景，一行一波，一首一髓。细品每一句，不像是宫墙幽院内深沉的吟咏，却像是远远近近的声声梵唱，让那情路上迷了津渡的心，不顾迢迢的山水，不顾渺渺的烟波，甘愿落在西楼的梁上，修剪清净的岁月。

现实中纳兰孑然一身，诗词中他更是踽踽独行，他鄙薄因袭模仿、随人移踵，所以他的词不仅有一种繁华落尽后的超然，还有一种举世皆浊我独清的孤傲。既然，灵魂无法与现实媾和，就要学会独噬寂寞。既然，性情无法与今世默契，就要懂得悄然陨落。因此，纳兰性德把自己养成了乱世中的一个传奇：他横刀立马，在清代文学史上独辟了一片属于自己的疆土；他敏感多情，自诩是“天上痴情种”，在凄美的辞藻里苦恋自己的爱人；他是金戈铁马中的一片浮萍，在战乱纷争中逐水飘零；他“纯任性灵，纤尘不染”，是集万千宠爱于一身内心却伤痕累累的词人。

三十一岁正当壮年，纳兰带着无法释怀的才情，在寒疾的催促下，郁郁而终。他的一生虽短，但他未负“清代词人之冠”的美誉，更未负“北宋以来，一人而已”的盛赞，留下了三百多首词。词集《侧帽集》《饮水词》传写遍于村校邮壁，海内文士，竞相模仿。

纳兰性德的一生成于悲情止于悲情，他的词大致可分为五类：爱情词、悼亡词、友情词、边塞词、人间词。爱情词，记述了一生中最令他刻骨铭心的缱绻深情、无奈分手与生离死别。他把相思寄于词，铸就了一份跨越时空的缠绵与浪漫；他感慨人生的无常和爱情的渺茫，创造出千丝万缕愁情叠加的复杂的情感意境。

纳兰性德一生所交之友，与一般贵胄子弟不同，其挚友多为困郁不得志的汉族布衣文人。然而，纳兰性德多同情他们的境遇，爱惜他们的才学，所以他既为友人仗义疏财，又为其创造了施展才华的空间，这使得容若之居——渌水亭，成为当时京城文人雅客齐聚之所。

而纳兰性德挚友中，最让他挂怀的莫过于他的妻子。如果说曾经在他的爱情词中尚存一丝清新的喜悦之情，那么随着妻子的亡故，他一贯的洒脱和豪迈也一并消遁，只剩沉痛和哀思了。长久，便形成了哀婉凄美的词风。

如果认为纳兰性德只是一个呼朋唤友的多情的贵胄公子，却有失偏颇。从二十二岁（1676 年）第一次护卫康熙出塞开始，随后九年的十三次保驾，就足以让他领略边塞的风光和感受出征的苦寒。因此，他笔下的边塞词充满了雄浑郁勃之美，其境界阔大，景物壮观，不乏豪迈的气度。

可以说，纳兰性德伤感凄切的爱情词与悼亡词，充满着对爱人的痴恋与追忆；其友情词饱含着对朋友的热血相待；而其边塞词中不乏金戈铁马，却又情思袅袅，其人间词既有繁华后的落寞，又有年轮易老的悲情。但无论是哪种类型的词作，都充斥着词人的满腔深情，真可谓“一往情深深几许”。

卷一

深情缠绵的爱情词

十年青鸟音尘断，往事不胜思

少年游

算来好景只如斯。
惟许有情知。
寻常风月，等闲谈笑，称意即相宜。
十年青鸟音尘断，往事不胜思。
一钩残照，半帘飞絮，总是恼人时。

人间自是有多情少年，纵然不是白衣白马轻狂如许，情意相融的一刹那，刹那即芳华，谱得世间一首好词韵，细腻绵长，叫人萦怀不忘；纵然日久情消，忆得当时风月，足以笑慰平生。

细细数来，好景不过只那些时日，翻来覆去地搜寻也不多。对于纳兰容若来说，让他终难忘怀的，还是少年时与青梅竹马懵懂嬉闹的岁月。那时，纵然青涩不知人间清愁，可是心中的情愫却像春天渴望萌生的嫩芽，顶着一身的果敢，无法阻挡，悠悠而生，然后幻化成一个女子的身影，暗自印在了容若的心间。如今青丝已与白发相间，当年被现实湮没殇去的爱恋，似一座不倒的冷碑，刻着年少轻狂的情志，昭然若见。容若叹一口气，念道："当年的心事，唯有你知、我知、情知。"念罢，拂过覆额的白发，仿佛掠过十年前的某一个刹那。

那时，春光静好，风儿吹起绵绵的柳丝，似是勾起万千情丝；沈宛无心地走在春风里，大概花正浓，衬得那娇小的身子惹人怜惜，那张略微苍白的脸映衬在桃花深处，只一个回眸，不偏不倚，便撞入了少年容若的心坎里。容若被这突来的情思怔住了，心中涌出一股微微的羞和一抹淡淡的痛，几乎将他扑倒。

再看时，沈宛已经走在花间，映着天上那一抹怀春的朝霞，宛如红衣飘飘的仙子，绚烂了纳兰府的整个天空。谁叫当时花正艳、晖光正好。那一刻，容若的目光一生再也离不开她了；那一刻，风清，云淡，她恰在那里，容若只觉得胸口发胀，少有的战栗出现，使得他一时不知所措。自此，她笑，也好，他便跟着她笑；她哭，也好，他的心为她发疼。

明明是那么熟悉而又友爱的同伴呀，为何恍若初次相识，容若的内心被牵扯着，倏然，升起一种如痴如醉的情意——今后管它富贵贫贱，只要她能与他共剪西窗烛；管它饥寒风雪，只要她能与他依偎着听残荷雨声；管她是咏絮才或是停机德，只要她懂他的浅唱低吟，懂他的眉尖心上。

那时，东风依旧，那秦时明月如同私会的恋人，有情便饱，不圆自润；无情便癯，自成残缺。容若，这个被情蚀骨的人，坐在这浸了情的月下，看着对面浅笑的沈宛，她齿若瓠犀，眼波流转，好看的唇角抑扬开合，恰如银盆的脸儿笑意盈盈，仿佛一呼一吸里，带着丝丝的甜意。容若远远地看着，恍然若醉，只好压着心底那根翻滚的心弦，装作寻常，聊聊她新制的裙袄，谈谈她最爱的词笺。心下忍不住感叹，奈何她迸出的每一句音符，都如最清冽的泉声叮咚，一路欢快跳跃，管它前有浅滩，路途艰险。容若目不暂舍，此时若她有言："那轮明月好美！"他都会昏了头地妄图登上云梯素手盗月吧！

大抵他的目光过于痴烈，沈宛敏慧如此，岂有不知少年郎那炽热的心意。花意总堪月光怜，俊朗潇洒、清秀如斯的容若早是扣人心弦的那个人吧。不然，为何眼角忍不住地柔情流转，嘴角止不了地微微上扬?

容若深情凝视，沈宛粲然浅笑，无论发出任何言语，都被好风好景肆意偷窃，散布在天地间，只许花香馥、鸟鸣悠。缱绻春意花事浓，淡言浅语总相宜，相视一笑，醉了东风。

“待得秋实，你娶我可好？”沈宛心里默念，因娇羞怎敢说出口，心内却似满盘皆输的棋局，早已甘心附去。

“待得又一年桃红，嫁我可好？”容若痴痴想，却怕惊了表妹尚是年少烂漫的心，心儿却像飞驰的野马，早已奔她而去。

你未曾出口，我何曾开言，春花秋月下，天地似是默许了这未曾出口的婚约。

春朝夏暖有尽时，唯有明月与清风依旧。

自沈宛选秀入宫，天涯生离相隔以来，恍恍惚惚似有十年光阴。十年音讯似泥牛入海，杳杳不知。

沈宛，若你为寻常人家妻，大概拼了命，容若也会求得佳人在侧，任旁人蜚语流言；可你偏偏是一朝天子的侍者，而且他又是那个对容若护爱有加、恩荣俱与的人君！这叫容若如何与你互诉衷肠？纵有秋叶相捎，又几时能飘得出那门禁森森的皇城！

青鸟啊，枉你为传递情意的使者，十年光阴，竟未得沈宛音信半分；枉人间情众对你殷勤地嘱语，你竟忍心负了有情人儿心意两片，生别离，不得闻。再忆再思之际，已是情念翻涌如海，往昔甜蜜时光历历在目。

如今只身孤影，竟如刀割生剜，痛不忍思忆。

容若抬头望向浩渺苍穹，不忍心痛，那曾如沈宛姣容的满月，竟也被思念撕成一把豁豁牙牙的残镰，空悬着他干瘪的思念。

无情的何止这如刀的黑夜，清清冷冷凄凄，刈割心间仅存的暖意。不忍思不忍忆的惧怕，才是胜过黑夜的仇人，它偏偏寻最痛的、最脆弱的地儿，肆意下手，容若差点被它凌迟。

寒月伤情，不看也罢，待得卷帘入室，偏又是何处的柳絮拼了命地翻飞入内，打开了容若不曾紧闭的记忆闸门：沈宛曾穿柳度花，丝丝长发如那摇摆缠绵的柳枝，绑系住了年少容若的心；如今已是物是人非，就连青柳亦不堪愁成了“白发”，四散飘扬，碎了容若的初心！

想念的灵动眉眼似在眼前，痴恋的皓齿朱颜可曾老去了模样。别离没有使情意变淡，反而使它更加缱绻。本以为时光淡忘了的往事，谁料，早已被岁月酿成了烈酒，不喝自醉，不闻自狂。

自从与纳兰相知、相许开始，她便像一棵树深深地植于纳兰心头，狠狠地扎下根去，发芽，长大，平平淡淡的岁月里成长着他们的记忆，而后便永久地定格成一幅画。画里，也有落叶，也有花开，那是三分谈笑，二分思念，一分微嗔，剩下的是半生相忘于江湖。

在这寒冷的夜里，纳兰只是放胆让自己回忆着。在他心目中，沈宛一直是个尊贵的灵魂，为他所倾慕。随后，认识的人愈多，愈觉得她是他人生行路中一处清新的水泽。

为了她，他吃过不少苦，这些都不算。他太清楚他们之间的困难，遂不敢有所等待，几次相忘于世，总在山穷水尽处蓦然想起，算来即是一种不舍。

他知道，他们无法成为伴侣，他更无法为她抵挡凄苦的风雨。但他相信，即使世事将他们分开，沈宛一定以诗的悲哀征服生命的悲哀，他也能用词的悬崖瓦解宿命的悬崖；即使沈宛无法安慰他，他难以关怀她，但是她一定不会忘了，在菲薄流年里，曾有一只青鸟飞过春天的纳兰府。

不曾停歇的情涛，总难免落一身萧索，过往的不是不爱，而是愈爱得深愈陷泥淖。这些，纳兰都知道。但如今的他，活得疲了，转诸锱铢或酒色，不再怪罪十年前那如雨的流星，不再怨恨当年桃花深处的那惊鸿一瞥，不再辜负这悲沉的宿命，不再日复一日吐哺地等她归心。偶尔，情难自禁时，像今夜，踏月而行，在这里款款立命，任凭回忆一丝丝一缕缕绕着手。但，忆着，忆着，心里一层一层地结了冰。月光像厉鬼的舌头，舔着他心内不受控的思绪。

难道，这又是一个情愁出轨的夜晚？

“我醉了，你怎么还不来？”容若终于抑制不住心内的愁绪，摔帘而入。

留着那月，那夜，渐渐地，被人们睡黑了。

相逢不语，一朵芙蓉着秋雨

减字木兰花

相逢不语，一朵芙蓉着秋雨。
小晕红潮，斜溜钗心只凤翘。
待将低唤，直为凝情恐人见。
欲诉幽情，转过回廊叩玉钗。

《减字木兰花》，一个婉转回肠的词牌，每句一短一长，回环往复，流连不歇。词家多喜欢用其描写儿女情长，容若却特别，饱蘸浓情，笔尖游走，顷刻，一个含羞遥望情人的女子便跃然纸上。这不是一纸欢畅的勾勒，每一笔倒像是一场甘愿被爱放逐的流刑。容若自知落笔生根，那一张受控的素笺，难以承载他瞒天的深情，但文字是他的瘾，它们密织于纸间，可以帮他篡改现实，或者挣脱现实的管辖。

其实，这不是一幅随意的写生图，也不是凭空而来的臆想，更不是百无聊赖的吟赋，而是容若情感生活的写真。纸上的女子姣容尽现，却和容若咫尺天涯。

是的，咫尺天涯。

那是一张美丽且熟悉的脸，美得曾让容若在无数个有她的梦中恨不得将自己禁锢，熟悉得又让他现今无法在伦理禁忌中悬崖勒马，她就是容若的表妹——沈宛。为什么这次来之不易的相逢，却似隔了一程山水，二人只能坐望于光阴的两岸？

当年，明珠府的花园，五月的天空泼满了青釉，沈宛一身杏色的衣襟在风里飘拂。阳光遍地，她信手拾起一枚，放进容若手里，说：“勿忘我！”谁知，三字成谶，容若似被一语中的。从此，沉重的枷锁背负于他的每个梦境，他以为，就这样，终究会将沈宛守候成最美的风景。

若青春可以作注，纳兰容若其实已经押上一切筹码，只待表妹沈宛开出一轮九天十地的牌九，示他以最终的输赢。谁知，按旗人的规矩，沈宛突然被选为秀女进了宫，她要追随的是一朝的天子，虽然这是被迫的。

紫禁城中那个最高的门槛，让好多女子又爱又畏，她们爱的是那里的三千繁华，畏的是一旦进去归期便遥遥无期，那份蚀骨的寂寞和深邃的等待，不知扼杀了多少女子的灵气。

沈宛自知没有寻常人家女儿的命运，弱水三千可以独守一瓢，清清淡淡地过一生。现在，她要迈进去的那个门槛，深深浅浅，冷暖不测。她也知道，一旦进去，她在明珠府里那些难言的顽固自此便无人呵护。但是她无法回头，即使容若一直都在彼岸守候，因为她知道，贸然的返回只会给他惹来祸端。

在两人爱情的痴途上，沈宛潸然离开，衣袖随长风斜过，拂乱了赌局。情人去，无人坐庄，这一局牌宛然如沈府三月纵放的桃花，错落于明珠府五月的湖面，飘散了满湖的灰飞烟灭。

明知无望，容若却固守着仅存的坚持，他宁愿被这场爱情置于死地。

九月，适逢国丧，皇宫要大办道场。容若买通了进宫诵经的喇嘛和传信的宫人，乔装打扮混在袈裟大袖的僧人行列中进了宫。沈宛从前一日得知容若要冒险见面，莫名地，有一种被生命紧紧地拥住的半疼半喜，牵得她不知所措。那一刻，她恨不得化成寻常人家的一缕轻烟，掠过这冷冰的宫墙，与那一汪沉默的月光厮守终生。但是宫廷内自有铁律，家眷不得随意相见。

天可怜见，这一对有情人终于等到了这一天。

九月的天空夕阳在纵火，绚烂了满天凄艳的红霞，容若在僧人中几乎被梵唱声湮没，但他仍在那里守望。前面一尊被香火缭绕的石佛，看着这一幕似也忍不住，拈花笑着。

远处，沈宛笑得清浅从容，却顷刻落英如雨。两腮的红晕怎能抹去她今世对容若许下的情债？脆响的凤钗怎懂得明珠府湖畔的水誓？就这样远远地望着，远远地望着，爱，如此繁华，如此寂寥。

轻唤，又怕被人听见，只好用眸子将彼此锁住。容若知道，与沈宛的缘分，也许只有佛前的半炷香而已，结局其实早已先于他抵达这里，只是悄悄地蛰伏在宫廷里落满蝉鸣的树上。这无言的十分钟相逢，或许不够一生回忆，却足以老去所有年华。

什么样的人，才能与秋水换色？什么样的情，才能百炼钢化成绕指柔？咫尺天涯，泣血的衷情怎不想说出口？

但沈宛知道，无法改变这悲沉的宿命，不如转身，绕过回廊，随它玉钗脆响求饶。她在心里痴痴默念：“容若，把我当成你回不去的原乡，把我的挂念悬成九月的茱萸，还有来年春末的大风大雨，这些都是你和我的。总有一日，我会打包前去寻你，但你要答应我，现在不许回头望我。”

看沈宛转身离去，容若又急又恨又无奈，只怨此时此刻无法与她并肩同步。其实，回想他们的交往，何曾同步过？曾经，那纳兰府的朝夕相伴，不过是一盏茶的爱，终其一生，也只有一盏茶的温度，由暖而凉，片刻而已。此时，今时，谁先走，茶都会变凉，管它玉钗叮当作响，管它心碎成屑。

还记得，当年沈宛选秀入宫，也是这般只见玉钗不见佳人的撕心裂肺。纳兰容若在沈府的门口一直站到暮色四合，天边的浮云渐暗。回到纳兰府，已是明月当空，他只能轻声许愿：“宛儿，愿明月，照你的背影涉水而过，十丈红尘饰你以锦绣，千朵芙蓉衣你以华裳，你不要有半点回顾，就这样，轻易穿越我一生的沧桑。”

今日，在这浩浩的皇宫远远相见，虽不能执手相看，却以泪眼相送，留下各自的背影，如同留下了今生。

诵经的和尚嗡嗡吟唱，信众摊开手掌，行礼跪拜。容若挤在人群中，也麻木地跪拜着。当他摊开手掌，却看见阳光依稀，一如他和沈宛的许诺。曾经，太爱她，所以希望她以许诺勾兑眼泪，以永恒明见柔情，却不曾料到，岁月将她转身的微笑做了伏笔，只等风沙四起，尘埃遍野，便折戟扬刀，杀一个回马枪，陷他于永无翻身之日的险境。

在那里，在那一刻，容若没有狂歌当哭的勇气，只听见木鱼声声如雨，滴滴如青烟叹。他跪在佛前，半倚骄阳，不想问命里的无端，只求恕此生姻缘，随着沈宛便好，随着心便好。可是，经筒千转，念珠拨乱，如来还是那么漠然，捻指淡笑，分明是在说："你们，不如相忘于江湖。"

忘，谈何容易？容若如此，沈宛同样。

还记得，那年，纳兰容若铺笺泼墨，抬手落笔，转折勾描出年少轻狂的情书，短短一行，被他飞快地写下，翻过，再提起。一遍又一遍，阔达圆和的魏体悄然变成了狂草。沈宛收到后，虽然无法辨认，但它却俘获了她的心。在烈日灼心的今天，仿佛那年的朱砂依旧如血，触目惊心，她怎能忘记？

还记得，那年，沈府的小亭里，沈宛曾用青色丝绦挽就了容若的心结；纳兰府湖畔，湖水的粼光潋滟了沈宛的眼，她就是纳兰一生的水源，润他干涸的视线，柔他冷硬的心痂。

容若喃喃自语："忘记她，不如忘了我自己。"

竟是不能不忘。可又能如何？

也罢，容若自叹一声，且学着沈宛拂袖而去，在明珠府湖畔树下，觅一方青石，静待，看沧海变桑田。

回忆若能下酒，往事便可作一场宿醉，醒来时，天依旧清亮，风仍然分明，而光阴的两岸，终究无法以一苇渡航，容若说：“沈宛，你去吧，我知道你心意。”

无须更多言语，他必与她相忘于江湖，以沧桑为饮，年华果腹，岁月做衣锦华服，于百转千回后，悄然转身，然后离去。

旧事惊心，一双莲影藕丝断

齐天乐·上元

阑珊火树鱼龙舞，望中宝钗楼远。
鞓鞨余红，琉璃剩碧，待属花归缓缓。
寒轻漏浅。
正乍敛烟霏，陨星如箭。
旧事惊心，一双莲影藕丝断。

莫恨流年逝水，恨消残蝶粉，韶光忒贱。
细语吹香，暗尘笼鬓，都逐晓风零乱。
阑干敲遍。
问帘底纤纤，甚时重见？
不解相思，月华今夜满。

【〇一七】

当凌乱的心绪，在上元节的月光里散落，那一场被并入流年的情事，宛如光阴的沙漠，掩埋了当年情窦初开的流沙。当一缕微风，在纳兰容若最不经意一刻，卷起往事的袖口，那缠绵而又细腻的相思，那遥远而又温软的唇，那让魂魄停顿的眸子，深深浅浅地划过容若的心口，留下了微微的痛，与他同生死。

在被树叶摇碎的一地月影下，纷乱的人流渐行渐远，前一分钟还在空中游弋的鱼灯，前一秒钟尚在空中飞舞的火龙灯，瞬间，随着人群的疏散渐隐渐淡。无尽的漆黑的夜随着消逝的喧闹，变得死寂沉沉。绚烂的终归寂寞，喧哗的终归淡散。

容若无处排遣，只好在街道上漫步，视线中的韶华烟景，闪动着分外美丽，竟美得无与伦比，找不出三行连韵的句子来形容。却不知何时，容若的泪水早已盈满双眼，如珠散落。

夜色渐浓，更深露重，寒意袭人，漏壶之水将滴尽，就连方才灿烂耀眼的烟火，此刻也已萦绕成浓重的雾，在夜色中飘荡，一如无依的孤魂；就连刚还灿如星辰的一双莲花灯，在这迷离的烟雾中，摇曳着，交错成如胶似漆的影。一阵冷风轻轻掠过，携带着往事刺骨的寒冷，这莲影如惊了心，撕扯着，水火不容，顷刻，好像散了身下交缠的藕，它们断裂了，分开了，也心碎了。

也曾是这样一个灯火辉煌的夜晚，沈宛笑媚如初，带着不经世事的眼光打量着这繁华的街巷。容若紧紧跟随，笑语相伴。彼时，两人满眼的灯火阑珊，都是一颗又一颗闪耀着幸福的星子，沈宛的眼里闪烁反衬着美丽的烟火，容若的视线不曾离开，从她那如水的眸子中，欣赏着最跃动美丽的星辰灯火。

沈宛最爱的也是那一盏小小的莲花灯，浅色温柔的花心里闪动着柔和明亮的灯光，仿佛她娇羞的心事；举灯向容若胸前，跳跃的灯火便如她如鹿乱撞的心，她不必言说，他已懂得她全部的心意。于是容若便也举起莲花灯，看见沈宛在灯光的耀动下微微地笑着，那光芒胜过了所有灯火。

而今，物是人非，只剩容若一人于这熙攘的人群间踽踽独行。他本欲登上宝钗楼消遣，哪承想，竟又见这一双莲花灯的灯影！心惊，难言的情意与愁绪借着灯火喷涌而出，竟是止不住的相思愁。

幸好，今夜没有熟人的牵绊，刚好，适合一个人走。

头顶，冷眼旁观的月替潮湿的黑夜染上了浮光，光是湿的，饱含水分，几乎坠落。渐渐地，整个黑夜中可辨认的一切地标慢慢模糊了，涣散了。唯有那宝钗楼，不惧黑夜这头狂野的巨兽，远远矗立着，如同亿万年前的女妖，用百手千指撩拨着周围高贵的黑泽。

容若只是行走，幸好，他还能感受到自己微热的体温，凝结于手心，微微变成冷汗。

夜空的远处，偶尔有几只烟花，如流星般划过，一如他和沈宛的相遇，瞬间的璀璨之后，又消失于瞬间。也许是，元宵节的路太长，便把容若带着愁的心情愈走愈长。圆月底下，竟然如同停泊在忧郁的海湾。

其实，许久以来，容若已经习惯在心口加一道密封，把苦痛锁住。只让快乐去漫流，只让微笑去感染，让温柔去散布，决不让苦痛去泛滥。这已是习惯。密封，虽然闻不出是悲是哀，心底留有多少发酵的酸，自己仍然清楚。于是，独走成为必要，走一段长长的路，暂时掀开一缝，让苦汁慢慢漏尽。

而今夜，他竟有些举步维艰。

偶尔抬头，不远处是高耸的宝钗楼，虽然靺鞨还有余红，虽然琉璃还能辨出斑驳的绿，但是偌大一座宝钗楼，竟然看不见一扇昏黄的灯窗。容若瞬间凝聚，静默中浮升惊恐的意念，让他不禁揪紧衣襟，安抚突扑的心脏。他多么希望，心中的牵牵挂挂的她，一如往日，微启双眸，自高处俯视，并以优美的手势，说："回去吧，容若，你什么都看不见。"

容若刚要喊："宛儿，我一直在这里等。"语未出，心先碎。罢了！罢了！隐忍着疼痛的心，看来终是难以越过这情感的废墟，任往事的飞红，撩动灯火的感叹，点亮那苦涩的火焰，在心中放纵。

容若无法迈开脚步，就像无法挣脱这黑夜中宝钗楼的辖区，它是那么有力，牵引着他，让他把这些年经历的所有欢愉与痛楚全都想了起来。

难道真是“每逢佳节倍思亲”？今夜，容若是多么想念他的沈宛！想她身上淡淡的芳香，想她别离时盈满泪水的眼，想她枕畔垂落的千千青丝，想她近在咫尺却远在天涯的深宫之怨……

还想当年同样令人心碎的夜晚，同样一个离别的月下，他看着她憔悴的面颊，竟如那晚月光般苍白。他们紧紧地相拥，四目相对，只是无言，伤心的话语刚欲滚落唇边，就听见两人泣血的哽咽声，长哭当歌，惊飞了月下肆鸣的蝉。

如今，在这无尽的寒夜里，只剩容若一人，他忆起沈宛如花似月的容颜，和那微尘飘散的阳光下她轻轻笼上鬓发的身形，却不知被经年的寒风吹逐向了何方，再也寻不见踪影。那些如许的时光里，容若明知道再没有这样一朵花向他微笑致意，却又好似走失了魂魄，一圈又一圈踱步在尘封着旧时梦的宝钗楼前。

是的，情随事变，怎能去怪罪那日复一日似水的流年？爱恨难分，怎能去恨那短命的缘？世事难料，怎能怨相识、相知、相爱的初心被现实改变？

容若自知，他那咯血的喉咙，早已唤不回沈宛那久违的容颜和炙热的情感。硬生生绷裂了相思的琴弦，还能做什么？面对这份没有今生也没有来生的情感。容若恨不得拼了全身的力气，用上寒鸦的音色，对那无情的明月喊道："宛儿呀！当遥远的天边，衾寒被冷，除了我这薄幸的锦衣郎，谁又能慰藉你的孤寒？"

声未出，泪先流。泪水从容滑下容若的眼睑，他叫魂般拍遍栏杆，又对着眼前无动于衷的宝钗楼，声声唤着他旧时的宛儿："我的宛儿！我们此生甚时才能重见？"要将昔日梦儿追寻，奈何那曾与之携手的纤纤素手，再也不能相见；曾经那个呵气如兰的姑娘，记得她的笑声体香，却再也无处寻觅。

一泓相思，付与谁听。旧梦也只能藏在岁月不经意的当口，仅供不经意时的流连叹惋。多少前尘旧事皆如白云苍狗，消散在或蔚蓝或漆黑的天空下，就连一声鸽哨的脆响，也仿若不曾听闻。

红尘如梦，烟花易冷，注定了的重逢，再曲折离奇也会相聚；而注定了的缘散，再努力强求也终是无果。不相见，便再也难相见，眷恋流年，绕指的牵念再也无可凭寄之时，再写下那封封寄不出的诗笺又有何意义？

月有圆缺，人有离合，当容若奉旨远离京都身在塞外之时，已与身在其中无异——一堵黄墙，早已隔绝了两个世界，墙内墙外俱是冰凉，甚而比塞外的风更凛冽。而今虽看着满眼的繁华，虽是满月时节，却无人能懂得纳兰容若的相思之意。

月满又如何，宛儿不在，满月亦是残缺。

谁省？谁省？从此簟纹灯影

如梦令

正是辘轳金井，满砌花红冷。
蓦地一相逢，心事眼波难定。
谁省？谁省？从此簟纹灯影。

如梦令，窃以为是词牌里最为梦幻浪漫的一个，短短三句乐府小令，婉丽凄清而又颇带梦呓般的言语，让人读来亦哀亦乐，昏昏然不知所主。前两句娓娓道来，简言只语，便描绘出一幅旖旎的景象，一段缠绵的故事；无论是李清照在雨疏风骤的世界宿醉未醒，在日暮时分的流连忘返，在还是少游冰冷的指尖拂过玉笙吹起一支梅花曲，都带着一股清冷而又似宿酒未醒的慵懒感。最是末句撩人心扉，呓语般喃喃着，一个叠句就像加注了多少的情愫，绵绵化不开，直教人不知所措；末了，偏又要加上孤寂的描述，绿肥红瘦的怏怏感，让人读罢若有所失，怔怔难言。

但是纳兰容若的如梦令，构思上颇下功夫，介入了基本连贯的叙事，又是另一种惊心动魄，又是另一种牵肠挂肚。

因为，容若惜语，似因千言万语如鲠在喉，只能凭只言片语喃喃道出那曾经惊鸿一瞥的故事，与那之后截然相反的境遇。用语虽少，却让人从碎片般的布景中寻出了当时情景，从一闪而过的眼波里，读出了万千复杂的情愫，使人不得不拍手叫绝。

作为豪门之子、富家子弟的纳兰容若，享有玉盘金馔，满眼金壁朱墙，繁华、富贵、喧闹以及衣食无忧的温软，反而唤起了他内心深处无尽的孤独感。

又是一个随着辘轳的转动声醒过来的清晨，容若睁开惺忪的睡眼，披一件不厚的青衣，慵懒地迈出房门，闲步慢走。周围的晨雾渺渺，竹风徐徐，莲韵隐隐，湖水涟涟。来到一个亭子旁，却见一夜风雨后，满阶落花飘零，在冰凉的石阶上横着残红的身躯，叫人不忍细看。容若原是爱花惜花之人，乍见昨日尚灿烂的花儿一夜之间落红满地，他不敢贸然去踩这冷了一宿散落的花瓣，怕脆碎的声音太响，惊破晨雾尚未卷收的蝉纱。

站定，深深地吸吮，沁入了花儿那冰清的体温，纳兰不敢贸然倾吐，怕隔夜的浊气污染了这薄如蝉翼的清晨。

夹径，花枝儿依然以不倦不懈的手，日夜垂念那迷了津渡的花瓣儿。容若停伫，观看着花瓣儿那不曾合的眼，总觉得，它们虽冷，却醒着，看着他这个懒散的路人，问询着昨夜的冷暖。容若怎敢迢迢来领它们这份深情，转身即走。

蓦然，行至石阶，正欲凝眸，迎面有一口石井，汲水的辘轳还在滴着水。刚好，晨光探起一条光芒，慢慢地俯到井台上，湿漉漉的，泛着一片金光。忽然一阵寒风袭来，脚下砌石上的落花似发了疯，随风肆窜。容若拂袖遮脸，手背却碰到了飞来的落花。容若释然，与其摊开手掌，信手捉一片，手心便有了初露的沁凉，一股淡淡的芬芳溜出手缝儿。

容若正欲叹惋，一抬头，蓦然瞥见一个女子站在井台旁，“她是乘风而来的仙子？”容若心下一惊，“还是欲来葬花的凡女？”女子偏着头，手背拂发，昂然一扬，三千秀丝忘于肩后。一个回首，她也吓了一跳，“他是闻香而来的神君？”她猜测着，“还是翩翩漫游的官宦公子。”他依着砖砌的拱门觑风景，他的眸子是那么清澈，宛若驻着一个湖泊水，倒映着朵朵白云，还有手足无措的她。他的眸子是那么热烈，炼得她脸颊绯红，忍不住她埋下了头。

这一眼，在寻常人看来，不过是偶遇的四目相对，但对于容若来说，它或许是百千万亿年只有一回的对峙，狠狠地、毫不讲理地将他置于死地。

女子再次抬头，这次她没有躲避，目光热烈且果敢。容若也没有回避，深沉地迎了上去，他读懂她的前世与今生。

于是，时光静止了。

于是，只剩下交会的目光里闪烁不已的故事——

“你为何会在这里，这儿如此清凉？”

“你又为何在这里，望着满地的花儿神伤？”

“我为这满地的落红叹息，一如叹息我如落花般的命运。”

“春去秋来花又开，你正好年华，为何要为这朝夕之物神伤？”

“那你呢，少年郎，你又因何神色凄凄？”

就这样，她的目光幽幽，一再投来问号，意想她的心事何时泄露的？

就这样，容若的眼神笃定，用眼神回答眼神：因为我们天涯同在。

不用言语，便知心事，伯牙与子期不过如此。

两人相视一笑，短短的目光交会，像度过了一个世纪那么长的时光，将未见的岁月都丢进洪荒，翻过高山流水，涉过草泽荒滩，遇着了，停下来。

她的眼眸里闪动着他的身影，但这身影若隐若现；他的胸腔里跳动着如鼓的旋律，但却时急时缓。她仍在为这红颜消逝的命运而悲叹吗？她是否也因我而悸动不已？容若不停地问自己，急切地想要打碎时光，于未来中寻得她对他的那份情意，只因她那眼光闪烁。她那本应起伏的胸口，故作平静，容若不能够透过她的眸子寻找到他要的答案，却又在忽而闪烁跳动的目光里接收到同一频率的悸动。这让他隐忍难挨。

这让他蚀骨的痒痛。

这让他悸动的惊喜。

可是谁知晓？可是谁知晓！

就在这眼波心事的流转间，岁月它迅疾地涌上前，涌到了得到她情意确定的未来，更涌到了彼此分离再不相见的未来。

容若心潮澎湃，淹没不了满怀的情事，转身，心沉沉，为何步步单音？

可是，只要肉身在，情便死命地附着，它不藏于袖口，不隐于步履，只霸占着心口的方寸之地，蜷缩着，俯卧着，静静地露宿着。

而人世间的缘分，十面埋伏，像破晓之时，朝阳自云巢迸出。遇着露，露便晞了，遇着落花，落花便哭了，若是恰恰遇着伫立在井台边的女子，她必定羞涩地将它揽入怀。这一瞥只一刹的时空，却足以让一朵蓓蕾展颜，让一府的人们醒来，让一个女子情窦初开，让一个男子步履蹒跚。

容若离开，女子也悄悄隐去，好像他们飘然而来的相遇，他们的离开也旋然不知归向。因为错过了花开的最美时光，所以在花儿凋零的季节匆匆相遇，离别注定凄迷。

夜晚，容若在冰冷的簟席上辗转反侧、孤枕难眠，对着一盏孤灯辗转徘徊，怎奈睁开眼灯花里是她那悲伤的倩影，闭上眼脑海中是那挥之不去的目光流转。

容若的枕畔无人，室内青灯照壁，恍然如影。容若啊，你到底错付了哪一段时光，它这般百转千回，演着修仙的宿命。容若摇摇头，继续在梦中寻找那初次相遇的地方和那闪烁不定的目光。

梦醒，伊人不在。

翌日，容若再次来到那里，辘轳在，石井在，唯独不见那徘徊的倩影。难道昨日落花前的相逢，最终一望成谶，再也不能见？这让容若因惜花怅惘的心绪，复又追加了几倍。

“时光啊，你兀自流逝飞快，我宁愿收回让你快一点的祈求，让你将时光就停留在那个心事眼波难定的时节，就教我被那捕捉不到的情意幸福折磨，也胜过今日独自面对孤灯时的寂寞苦痛！”容若在心里苦苦叹道。

昨日一隔便天涯，昔日如斯不再有，可怜的少年郎当时还不知那闪烁后的情意深重，于今生离不复见，才知当时用情的彻骨！容若敲打着时光，怎奈再也无法令逝者如斯夫般的光阴倒回，只能在夜夜梦回里，寻觅那当时相对的容颜。

是不是情是源源不息的，像昨日初见的古井？是不是缘是偶来投石问水的天风，似那女子？若风问井答，该会发出何等清脆的天籁？灌溉多少疲倦的相逢，开启多少偶遇者的心扉？

容若多么想做一个自由的行者，牵着女子的纤手，踩着慵懒的落叶，管它情动情静，管它缘聚缘散，管它簟纹灯影，不问出身，做对凡夫凡妇，便好。

假如，有来世，再有目遇，希望她能看见他的上辈子，他能守着她的下辈子。

一生一代一双人，争教两处销魂

画堂春·一生一代一双人

一生一代一双人，争教两处销魂。
相思相望不相亲，天为谁春。
浆向蓝桥易乞，药成碧海难奔。
若容相访饮牛津，相对忘贫。

这世间有无数种可能，亦有无数种寂灭，只是万千人的故事里，非关你我，我只要你，哪怕不能相守。

料峭的春风，携着缠绵的丝雨，唤出一碧如茵的新芽，晶莹的水珠儿，于悄无声息中，滴开后海园中，不胜娇羞的桃花，倦鸦归巢，黄昏披纱，眨眼间属于生命的色彩，便被蒙上了黑色的绸缎，一如惊鸿般的女子，悄悄袭走了某个男子的一生。

不知今夜的月子被谁偷去，任一帘桃花雨，淅淅沥沥，湿尽檐花，当情妄的箜篌，与淅沥的檐雨合欢，撩拨出断肠的颤音，纳兰容若便会想起那曾燃烧他血液的影子，和那个回廊上空曾被她笑弯了的月牙。

簟纹灯影下，凌乱的发间一如插满了伤痕的飞羽，口中喃喃着“相思相望不相亲，一生一代一双人”的誓言，企图去唤醒早已被王权摧毁了的那一场青梅竹马的邂逅。

当忧郁的视野，被洇入浑浊的流质，合拢的眉睫，却怎么也看不穿迷离的尘世，当情感之弓被搭载了王权的箭头，十指相扣的誓言，于一瞬间竟宛如一只被击落的鸟儿，虽彼此紧攥着永恒的执着，却再也难以找到那些曾一起赌书泼茶的昨天。

【〇三二】

相思相望不相亲，让沈宛成了一朵深植于容若灵魂深处的奇葩，而他却像一只亘古寂寞的寒鸦，一生一世只能远远地望着她，即使有时他们相隔咫尺，他的眸子却总也望不到有沈宛的那一方天涯！

太多的时候，当那袭憔悴的红装，在容若的眼里融成一滴滴滚烫的热泪，当相思的炎症，泛滥了疼痛的骨血，背对尘世的哭泣者，便总习惯幻想着能够将向往的呓语插上高飞的翅膀，飞越冰冷的宫墙。

或许，当掌心情感的纹路被宿命的利器划破，凄楚的眼神，便无法洞穿激荡的玄宇，任尘世东风西风，花开花落，流年轮转便也就成了不用锁匙破译的密码。

喋血的心事，郁积了太多相思的弱水，太多的等待与承担，刷白了镜中的雪，在精神的绝境中，在欲望的土壤上，她唇上的玫瑰，才是他永恒的春。

当绰约的幻影与痛苦的梦呓，在他眸中次第成像，当他还可以嗅到翠翘上的胭脂冷香，那被哽咽声震碎的泪光下，案头的纸笺便成了我葬心的荒冢，任由跳动在脉搏的诗行，放逐着他渺茫的伤痛。

当黏稠的流质，鼓荡着血性的波动，将昼与夜凝结成两滴不灭的颜色，他冰一样的相思和寂寞，除了月宫的妃子能够感受，秀才裴航又岂能懂得？

到底是造物弄人，还是有缘无分？缘何纵然手中紧攥着一纸婚约，有时也难以蹚过宿命的河。

或许，终有一天，虚幻的老井，再难打捞出往事的萍藻；飘摇的枯灯，终照不亮荒芜的心境；咯血的喉咙，再难以喊出召唤的语声，那么，纳兰容若便会形如一枝病中的花朵，以他回光返照的那一抹冷厉的血色，让他浸满了血泪精魂的诗笺，在烈火中化蝶，让那瞬间燃烧的色彩，一抹最后泪光里的微笑，去装点他和沈宛注定永远孤独的旅程。

沈宛啊！或许是命中注定，你和纳兰容若只能拥有一场仅可收获眼泪的爱情，倘若还能给他一次机会，哪管是今世还是来生，他都愿抛却浮云般的富贵荣华，与你携手远离缁尘，于明灭晨昏中，厮守一生！

容若用词，一气呵成，感情的自然流露如水泻平原般流畅自然，许多故作悲戚、惺惺作态的词人难得其三昧，只因那份情挚情真，纵使学得了皮毛，也学不得藏于词作中的那份深情。故而诗词禁忌频繁用典，容若却能脱其窠臼，反用典将心头的情感娓娓道出，无人觉其不妥，无人不赞。

骆宾王《代女道士王灵妃赠道士李荣》中有言“相怜相念倍相亲，一生一代一双人”，这一句道尽了人世的三大欢乐，而在容若的通变后，却变成了三种境界。“一双人”，却因世事牵绊，“两处销魂”。这无丝毫装点、素面朝天，却有天姿底蕴的句子，并不曾经过眉间心上的构思、语为惊人的推敲、诗囊行吟的揣摩，不过是随心脱口而出，足见容若的至深用情。可笑的是，骆宾王的原句不知还有几人记得，容若的辞章却遍传井水洼地。

为什么这么天造地设的一双人，偏要分离两处，各自销魂神伤、相思相望、度日如年？纵使冀北莺飞、江南草长、蓬山陆沉、瀚海波扬，都只是平白变故的世界，而不是真实发生过的人生。万千锦绣，无非身外物外，关乎万千世人，唯独非关他和她。

而这一切所有悲叹的源头，都是源自那个从小青梅竹马却一朝嫁入皇宫之人——容若的初恋沈宛。

沈宛自小因家道中落，寄居在明珠府，幼年虽懵懂，却亦彼此相互知道，待得情窦初开之际，顺理成章彼此爱慕、倾心，然而还未共享一段好时光，家人已然将彼此限制与隔离，更别说允许这个明珠府唯一的贵公子与一门不当户不对的女子结为连理，所以无论容若如何祈求，家人上至严父下至慈母皆不应允，还趁着皇宫选秀之际，将表妹送至皇宫，并一朝成妃。从此后两人终不得亲近，蚀骨的相思折磨着两人，容若只能在心底呐喊，怨天不公，怨世间温暖的春天再也无法在他与她之间降临。

容若，最终选择了一种冷肃的姿势与声音，为自己一生一世的她说几句话。枯坐半日，心思缥缈，如浮云流光。罢了，不如借他人的杯酒来浇自己心中块垒，借古人之语、之事来抒写自己的内心情感。于是“蓝桥”“奔月”“牛津”“忘贫”奔突而来，将他内心撞得惊涛四起。

“蓝桥”讲的是裴航的爱情故事。当年，裴航在回京途中与樊夫人同舟，赠诗以致情意，樊夫人却答以一首离奇的小诗：“一饮琼浆百感生，玄霜捣尽见云英。蓝桥便是神仙窟，何必崎岖上玉清。”裴航见了此诗，不知何意，后来行到蓝桥驿，因口渴求水，偶遇一位名叫云英的女子，一见倾心。那一刻，裴航忽然明白樊夫人的小诗所含的深意了。于是，他当即决定以重金向云英的母亲求聘云英。云英的母亲给裴航出了一道难题：想娶她的女儿可以，但他必须得找来一件叫作玉杵臼的宝贝。她这里有一些神仙灵药，非要玉杵臼才能捣得。裴航得言而去，最终排除万难找来了玉杵臼，又虔诚地以玉杵臼捣药百日，这才得到云英母亲的应允。娶得云英之后，裴航才知云英母女皆为仙人，遂与云英双双仙去。

“奔月”的典故，本是嫦娥和后羿一段佳话，只因一心只图飞升的嫦娥独自吞下“不死药”，最终一个在人间断肠，一个在月宫凄凉。而容若借用此典，无非想表明两点：一、他和沈宛情比石坚，纵然有不死药在眼前，两人也绝不会因图一己私心而劳燕分飞；二、纵有不死之灵药，一双人也难上青天，纵有海枯石烂之深情，也难与沈宛相见。这也让人油然想起那次深宫里“相逢不语”的见面。

“若容相访饮牛津”仍是用典。大海尽处即是天河，一位男子踏上了寻奇之路，随大海漂流，远远向东而去。也不知漂了多少天，这一日，豁然见到城郭和屋舍，举目遥望，见女人在织布机前忙碌，却有一名男子在水滨饮牛，煞是显眼。问那男子这里是什么地方，男子回答："你回到蜀郡一问严君平便知道了。"严君平是当时著名的神算，上通天文，下晓地理。这位男子带着许多的疑惑，掉转航向，来到了蜀郡，找到了严君平。严君平道："某年某月，有客星犯牵牛宿。"男子掐指一算，这个"某年某月"正是他到达天河的日子。那么，那位在水滨饮牛的男人不就是在天河之滨的牛郎吗？那城郭不就是牛郎织女一年一期"金风玉露一相逢"的地方吗？

容若用此典暗表，纵然心中的恋人可遇而不可求、可望而不可即，只要有朝一日能再遇，他再也不会留恋这繁华家世的尊宠，再也不会留恋世间名利的引诱，不问贫富，管它鞋烂衣破，一起云游天涯。累了，随地而坐，渴了，掬一捧泉水，且做浮尘野马。

细细想来，容若艳羡的不过是平常夫妻的生活。只是一起生活的人必须是心能成一双的那个她，哪怕生活困窘到了"牛衣对泣"的地步，他也甘之如饴。

一首词，借典表情，由感叹而入郁结困顿，又于困顿转至渴望，终于这情感如山洪般暴发，却最终流于寂静黯淡，该是多么奔腾涌动却又绝望的爱恋啊！这绝望告诉我们，所有不能在一起的爱情，应该高傲地绝版。若能与心仪的人，一道乘桴浮于海，何必贪恋短暂的晴朗，何必流连富贵的坦途！

可怜容若，经书日月，虽然允许他闲来赋诗吟唱，但是每一次爱情的跋涉，都是雨打归舟。

只愿来生，岁月如愿，许容若一份平淡相依的爱情，以慰平生。

人生若只如初见，何事秋风悲画扇

木兰花令·拟古决绝词

人生若只如初见，何事秋风悲画扇。
等闲变却故人心，却道故人心易变！
骊山语罢清宵半，泪雨霖铃终不怨。
何如薄幸锦衣郎，比翼连枝当日愿！

像每一滴红酒，变不成最初的葡萄，人生回不了初见。

初见时的每一段故事，每一折心情，每一个句读……我们再也难以重温。哪怕仅仅是花的朵影、叶的凋图、情的沧浪、人的聚散……这些都远远逝在永不回头的光阴洪水里，她变成河岸送行的女子，他老成柳树下翘首以待的翁，千万难。

然而，认真想起来，初见他/她的时候，不正是我们每个人生命中唯一被允许的一段风华岁月吗？因了，那初见的岁月里最大的主题便是爱。渴求美善的爱，却不懂去守护；总在拥抱的爱，却避不开世事的剑芒；总在赞美的爱，却被他人苛责；总在携手的爱，却被迫各自分道。他年之后，才明白，那时的爱，那时的情，那时的任性，那时的哭哭笑笑，是生命里最美的恩泽。如今只能忍着痛去回忆，忍着泪去咀嚼，忍到浪沙淘尽，路断梦断，各自成为对方生命史册里无可替代的人儿，便罢。

恋未折先残，初见的所有，已经被光阴一步一步地攀越了，我们无法回去。因此，乘着花未落，月未沉，鸟未喑音，怀着暖意继续往前走，去感触自己的手温，听闻自己的跫音。可是，为什么初见的一切都是那么悲伤？

世间有好多事情原本都是不能勉强的，尤其感情。

想当年，一代才女班婕妤被选入宫中，由于她文学造诣极高，而且擅长音律，所以深受成帝的宠爱。可是，帝王后宫的佳丽三千，难有专一持久的爱情，即使是曾经最受宠幸的嫔妃的班婕妤，也难逃色衰爱弛的悲剧命运。一切在赵飞燕姐妹进宫后就画上了休止符。聪明的班婕妤知道，只要赵氏姐妹在，她就永无出头之日，所以她自请去长信宫侍奉太后，悄然隐退在淡柳丽花之中。

然而，在长信宫幽居的岁月里，班婕妤方始恍然醒悟：女人不过是一把纨扇，即便是出身名门、品质纯美、志节高尚，也逃不过被抛弃的命运；女人不过是一帕的丝绢，哪怕是用上当年齐国最精细的材质，制作得怎样地巧夺天工，拿到手上看，还是会透出丝丝缕缕的光，那些错落，是与生俱来的原罪。于是，借着心中的幽怨，寻了一点馊墨，铺开一把老扇，以一首《团扇诗》写下自己豁豁牙牙的心情：

新裂齐纨素，鲜洁如霜雪。
裁为合欢扇，团团似明月。
出入君怀袖，动摇微风发。
常恐秋节至，凉飙夺炎热。
弃捐箧笥中，恩情中道绝。

这首诗没有序言，序言早在她入宫前的那天，命运便为她写好；没有后记，最后一句便应了结局。当写完最后一个“绝”时，班婕妤苦涩地笑了起来，爱情，真是永不疲倦的流刑地啊！那些如她一样被爱黥面的女子，不等下令，都自愿前来招供画押，朝朝如此，代代趋步。

唐朝的杨玉环，也是一个。

想当年，那一朝天子唐玄宗后宫佳丽三千，独钟情于她的“云想衣裳花想容”，最终倾倒在她的石榴裙下。可是，人一旦只专于情，情就变得专断，变得飞扬跋扈，变得只容得下一个人。唐玄宗作为一朝天子，肩负天下黎民的生计大任，大唐江山容得了他穷奢极侈，却容不下他为贵妃忘了众生。仿佛，前日“一骑红尘妃子笑”的尘土还没有落定，仿佛昨日骊山行宫红绡帐里“在天愿作比翼鸟，在地愿为连理枝”的誓言还在耳畔，今日马嵬坡前，三军震怒，几尺白绫如利剑，刺得情断，勒得魂断。临刑前，杨玉环虽说：“妾诚负国恩，死无恨矣。”可是，世上含恨的不恨，才是最恨。唐玄宗怎能不记得？安史之乱后，他战战北还，一路凄雨沥沥，风雨吹打在皇銮的金铃上，似在啼哭他们无疾而终的爱情。这就是容若词中“泪雨霖铃终不怨”的故事。

可见，人心都易变。初见时都以为永世情坚不破，谁知，不几年，就难敌世俗的重轭，从了俗愿，残喘。

其实，不管是班婕妤，还是杨玉环，她们都曾奉献过绚霞一般的初心，只是被人负了。容若写她们，只想通过文字，将这些在情感外头哆哆嗦嗦的女子喊进来，暖一暖。谁让他曾经也是一个负心人呢！他负过的女子又何止一个?

青梅，像一朵洁白的梨花，纤尘不染，清雅脱俗。为容若研磨裁纸，烹炉煮茶，用她懵懂的情与心，为他绣织个小小的香囊，上面的并蒂莲见证了他们的青梅竹马，一往情深。而她终归是寄人篱下的一朵浮萍，随风飘动，装饰着别人的流年。因门户之见，他们有缘无分，她被送进了深宫，成了一轮夜夜孤寂的月亮。

秋风瑟瑟，苍穹静默，这冰冷如洗的夜色里氤氲了容若多少的茫然与惆怅。纳兰容若这刻骨铭心的初恋终逃不过世俗的禁锢，还未嫣红开放便已凋谢。即使，后来他躺在病榻上，因寒疾正在生死间徘徊，那份对尘缘的留恋，化为一缕青烟，缠绕而去。

上苍是仁慈的，不忍看容若的失意与忧伤，断了他一段缘，又送来了他生命中最重要的人，他的妻子意梅。而他的一生注定与梅有缘，名门之后意梅用她的婉娴，她的温柔体贴，与他青梅煮酒，吟诗对句，慢慢抚平他空瘦的心，像一枝素净的俏梅盈盈开放于他心间，伴他度过那最美好的时光。她只愿做他笔下的水墨，水样清浅，洇开成一朵意梅，暗香盈怀。

冷手抚琴，弦断心伤。情到深处最怕是分离，在人生的渡口，有着许许多多的离别，让人措手不及，郁郁于怀。或许，人来世间只是为了还债，缘尽之时，便是斩断情缘，绝尘而过之际。容若的一生注定是残缺的，还来不及与意梅话别，来不及为她添加一件云裳。她带着无限的遗憾，带着他为她写的所有词，淹然而去，独留他在世间伤心欲绝。

花开荼蘼花事了，所有的深情零落成一场花事，随风而去。容若望着窗外的那枝清梅，泼墨凝香，抒写一纸的情深与哀思。意梅是幸福的，三年的夫妻，他却为她一生怀念，为她执笔填词。

天地茫茫，草木皆悲，若纳兰容若在天上必能以慈悲之怀，度化苍生。而偏偏，他却在人世，即使繁花似锦，却终究不如一株草木。官场与情场的失意，让他万念俱空，心成灰，带发未成僧，剪不断三千烦恼丝，放不下红尘的牵绊，他只能在翰墨清词中寻找一丝安慰与温暖。时光的流逝，世间悲欢的轮回，磨去一切的棱角，让人习惯了月的阴晴圆缺，有着千帆过尽的释然。纳兰，他的每一次情殇都伴着寒疾而更加令人悲痛，终与死神擦肩而过，且道是他尘缘未了。

如诗如画的江南，富有诗意的词人沈宛，宛如一株素雅的白莲走进了纳兰的生命。以此心不渝的情怀仰慕着，懂得纳兰词中的落寞与哀婉，是他结在三生石上的另一段情缘，红尘的知己，在尘世间的路口静静地为他守候。而他为她梅开二度，且封存了所有的悲伤，抛开了世俗的偏见与重负，只为与她在简衣陋室，一茶一墨中共度一段馨淡的时光。若执子之手，愿与子偕老，在摇荡不安的岁月里，两人用灵魂对话，用生命相爱。

情深奈何缘浅。或许是纳兰的尘缘已尽，或许上苍妒忌他的幸福，匆匆为他的生命画上了句号。“江城五月落梅花”，是他的宿命所至，暮春那场寒疾终夺去了他短暂的一生，他还没看到即将出世的孩子，没过够这平淡的日子，万般留恋中撒手而去。而沈宛的爱，是他永远还不了的债，她独自一人守着幽静的庭院，信守他们一生的誓约，用漫长的光阴咀嚼着《饮水词》，只是，这一切终湮没在时光的隧道里，不留下半点痕迹。

若，人生只如初见，多好。他仍是他的备懒少年，她仍做她的灵池仙女，宿命情缠再无纠葛。没有开始，更没有结束。

卷二

字字泣血的悼亡词

知己一人谁是？已矣

荷叶杯·知己一人谁是

知己一人谁是？已矣。
赢得误他生。
有情终古似无情，别语悔分明。
莫道芳时易度，朝暮。
珍重好花天。
为伊指点再来缘，疏雨洗遗钿。

这是纳兰词最凄绝的一首，每每读它，心里便有一种难遣的悲伤，一词一句，竟如此令人断肠。或许，有人会说纳兰“为赋新词强说愁”，我不屑，那是因为他们没有读懂词里的那份凄绝和肃杀，没有理解纳兰心中抽剥的那层层伤痛。

华丽的悲伤，不是悲伤。真正的悲伤，总是以一种平淡的情感融入人的生命里，随着生而灿烂，随着死而沉寂。

知己，一个多么沉重的词。那什么样的人才能算知己？春秋时期，伯牙鼓琴，子期倾耳，听出了“巍巍乎若泰山”，听出了“洋洋乎若江河”，这便是不问姓名的知己。三国时期，曹植不顾徐干“薇藿弗充虚，皮褐犹不全”，愿“弹冠俟知己，知己谁不然”，这便是不问贫贱的知己。唐代诗人王勃送杜少府去蜀州上任，虽知以后天各一方，但他认为“海内存知己，天涯若比邻”，这便是不问距离的知己。同样，王维在送元二去安西，临行前饯别，他举杯慨叹：“劝君更尽一杯酒，西出阳关无故人。”这便是不问时空的知己。鲁迅在《书信集·致山本初枝》喟然长叹“只想同两三位知己走走”。

纳兰词中知己，却显得有些孤绝。虽没有“历尽天涯无足语，此曲终兮不复弹，三尺瑶琴为君死”的傲绝，却有“赢得误他生”的苦断；

虽没有男性心中偌大的空域，但有女性指尖独有的灵慧，它能熨平他积攒在心中落寞的沟沟壑壑，它能淬炼他那些郁郁不得志流浪的文字，它能揉碎他结在情感枝丫上的那些硬茧。这样的知己，只要一位，足矣！

纳兰的这个知己，是一位亦师亦友的女子——他的妻子卢氏。他们的结合虽不是出自你情我愿的本意，却冥冥中散着天意。她虽不是他日暮思念的第一位女子，但她却是他生命低谷时期朝朝相伴的妻子。只要她煮一杯老茶，摆两个藤椅，静听他倾诉一腔乱如麻的心事，他笑，她喜，他悲，她落泪。淡淡的，甜甜的，就这样，不相依，便知你我。不相偎，便知四季。

知己的深情，一朝一夕岂能说尽；知己的情分，岂能一生一世就断。在卢氏逝去的十一年里，纳兰容若写了那么多的悼亡词，字字滴血，字字断肠。情，深重如此，也带走了他年仅三十二岁的生命。或许，真的是“有情终古似无情”，若无情，便不会为情所累，便会躲开尘世离合的纠缠，便会无波无痕，无爱无恨。正如金庸先生所说：“若离于爱者，无忧亦无怖。”可那只是或许而已。

轻轻地为纳兰叹息。妻子卢氏，原本他是不愿娶的，因为他心里还有“相看好处却无言”的表妹，还有红颜知己。温婉善感的卢氏又怎会不知道？只是，她爱他，不语相思，不语离愁，不问他心里梦里那纷繁美好的影子，只要静静陪在他身边就好。

还记得，嫁给他第三年的那个秋天，帘卷落花如雪，凄迷的月光下，袅袅寒烟。远远地，他看见她一人坐在小红亭的藤椅上，用玉钗轻轻敲竹。竹寒，月冷，她黯然低头，问竹清冷如许，可有愁心，可有人怜？是不是亦如她，落寞不被人知，愁痕满地？听此问，他的心一疼，想走过去，将她拥个满怀，可只见那倩影一转，他未如愿。

自此，他决定，接受她，亦如接受他不肯面对的自己。琴瑟和鸣，举案齐眉，她要，他都给她。可上天总是苛待，不久，她便凄凄惨惨地魂逝，钗钿约，竟抛弃。

其实，这样的结局更好。生时他不能全心全意地珍惜她，心心念念的是别人，他和她，总是隔着空洞的皮囊，心灵难以靠近。而死，却让她真正成为了永恒。从此，他夜夜低泣，想“不辞冰雪为卿热”；他的词里血泪交溢，哀可蚀骨。没有人再挂念他，怕他“西风独自凉”；没人再和他一起，“赌书消得泼茶香”；没人再和他“绣榻闲时，并吹红雨；雕阑曲处，同倚斜阳”；再没人问添衣……

这些，当时只道是寻常。近来，忆起才觉得愈加心伤。

如今的他独卧疏衾，再无人可以与他一起度过漫漫长宵，再无人与他话长更。

每至夜晚，檀香未尽，他的心已成灰。他无声哽咽，几次偷拭青衫泪，只悔从前薄情。想起她的绝美笑颜，盈盈姿态，想要凭仗丹青重省识。他立即下床，提笔，以泪研墨，丹青妙笔，在纸间洇开，那是她吗？莫知他心，如此思念，却怎的记不起？可，一片伤心画不成啊。纵是神来之笔，又怎能画出他此时的哀伤与沉痛，怎能画出为他泪痕难干的爱妻？

画不出，便找出她的旧时书，他一遍一遍地看，鸳鸯小字，犹记得她学字时的认真，被说“手生疏”时羞涩的娇态。重看一遍，泪止不住地夺眶而出，模糊了视线。所有与她有关的细节他都记得，历历在目。这些当时看似不经意的细节，而今却如此令他牵肠。料应情尽，还道有情无？

生命啊宛若蜉蝣，开谢皆如昙花，从最初的萌动，到盛绽的美艳，再从盛绽的美艳到败落的完寂，一个句点的完成，也只在弹指一瞬间。

朝来又是暮往，月缺再复月圆，一念的相思，只能注入了指间那粒有着禅香味道的念珠里！无论是今生还是来世，他都愿为她长跪在无言的佛前。

自她舍他而去，记不得又过了人间几番寒暑，然短短三年相处的点滴，早已成为他永难解开的心结，他依旧停留在原地，就这样想着她、念着她，因为她不仅是先娶后爱的妻子，还是懂他的知己、惜他的红颜……

当一眸残花飞雨，穿越时光的藩篱，乱渡于泪痕斑斑的诗笺，明知想到抑或是看到的只是水中花，镜中影，灵魂的枝丫上，他无法阻止自己对她的思念！

既然今世的他们，留不住誓言中的永远，那么，他来生也要拼着再续这段姻缘，人说，多情的人，自古以来都是无情的，可谁又能体会得到这份伤感？

卢氏啊！容若已把你的名字，缀饰在他词的每一个韵脚上，黯然的歌者，势必要将那短暂三载瞬时的片段，演绎成千古传唱的经典！

一朝凤凰离散，独留往事悲欢，碧落尘寰，此岸彼岸，容若真的不知，究竟是该以情缘的尺度，去丈量死亡，还是该以死亡的尺度，来丈量未了的情缘。

昨夜，容若又梦到了卢氏，一样的柔风，一样的月色，不同的却是他将呢喃的私语，化作了泣血的召唤……而她依旧站在那里泪眼婆娑，却又不语不言……

当通灵的鸿雁，被豢养在轮回的牢笼之中，无论春夏秋冬，四季如何轮转，她早已成为他朝朝暮暮也难以参透的禅。

是啊！人生不如意之事，十有八九。但有时，不圆满比圆满更满，不成全比成全更全。

又到了她的忌日。他和她，尘土相隔，冷清清，一片埋愁地。偏偏又是葬花天气，雨滴空阶，分明是夏夜，却犹如寒更，寂寞凄凉。三载悠悠，魂梦缥缈，到底是梦是醒？若是梦，已有三年之久，该梦醒了。

而生，才是梦，才应解脱。他早已生无眷恋，只因觉“人生无味”，倒不如一抔黄土。他想，如果可以，他一定要与九泉之下的她通信，一定得问问她，这几年生活是苦是乐，她和谁人伴。今生已无望，那，是否能期待结个来世的知己？

每每念到此，心下一片凄然。他真的应了那句誓言：“知己一人谁是，已矣。赢得误他生。”知己之恨，何时已？但如果来世两人俱薄命，再缘浅、剩月零风里，又该如何？会不会，生生相错？

为伊指点再来缘。

奈何，疏雨洗遗钿。

赢得误他生啊。来世，就来世好了。因为，人生得一知己，真的可以不恨。

午夜鹣鹣梦早醒，卿自早醒侬自梦

南乡子

泪咽却无声，只向从前悔薄情，凭仗丹青重省识，盈盈。一片伤心画不成。

别语忒分明，午夜鹣鹣梦早醒。卿自早醒侬自梦，更更。泣尽风檐夜雨铃。

又是一个滴雨的夜!

人静物寂，一灯如豆，雨的音符，叩响沉默的房檐，将点点愁绪，滴滴溅在青青的石板，缕缕的情思，驱动颤抖的指尖，挥舞的双臂，却撕不破长夜的雨帘。纳兰容若如一具浮尸，在孤寂的夜海里漂着，往事助纣为虐，随着夜浪翻滚。

康熙十四年，他二十岁，她十八岁，他是太子太傅纳兰明珠的儿子，她是两广总督、兵部尚书卢兴祖的女儿，他俩的结合不乏天道酬“情”的安排，更不乏政治联姻的促和。他不爱她，她不弃他。他不接受，她不退步。

婚宴上，喜幛高悬，贺联四壁，在灯光中交相辉映着。宴席一开，酒色即春色，一饮便得意。他在门外周旋，她在屋内妆台前，媒娘正在为她整理发型：一把木梳，不多久便挽好了髻，一支细簪和发夹，将她的发丝吃得很紧，好似五伦纲常：父子、夫妇、兄弟、朋友、叔伯、妯娌……

她凝视着镜中的自己，那一头锦簇，多么富贵荣华。他推门进来，英俊挺拔。她浅笑，愿把此生托付。

婚礼是一件众人的事情，良辰吉日都是算好的，没有一丝间隙让他们说体己话。他牵着她的衣袖，出了房门，拜了天地，拜了父母，拜了彼此。

婚姻如同歃血为盟，把彼此的身、语、意，都拜给了对方，天地见证。

他们也照着寻常的夫妻，过起了如水的日子，一起赌书泼茶，一起滴水粒米，就这样，竟然过出了仙眷的滋味。在繁华喧嚣的京城，他们竟然育出了一方净居。在车水马龙的乱流里，他们依然安步当车。她每每有着独到的从容，忽然在人潮起落的街头上，附耳对他说："跟你过日子，真好。"

熙攘的人群都听见了。

这样的光阴还不到三载，她病了，卧床休息，一脸的苦楚。他坐在她身边，看着她，突然感到一种莫名而来的切肤之痛，随即握着了她的手，紧紧地，仿佛她已成流萤。他恨起了自己，为什么往日那么薄情？忽略她、漠视她，却不知情已经在他的心底稳稳地扎了根，她已经在他心底坚如磐石。

又是一个如漆的夜，夜风卷拔着冷气，打家劫舍。她已经病入膏肓，看他给她治病日夜操劳，为照顾她日夜不寐，瘦得青衫空飘。她的心疼胜过了病痛，借着悠悠的气息，说："容若，放开我，我死，你才能活。我走，你才能留。"说完，择了一个方向，幽幽而去。这一去，驷马难追，与他阴阳相隔了。

想起这些，纳兰容若的心从千丈崖落入平地，痛到快要窒息，一个吞吐间，热泪如暴雨，奔流在他那具空了灵魂的肉身上。他想问天地，此地何地、此世何世才能见到她？天地无言，寒星却殷勤地反问他为何当初太薄情，这一问如暗器，字字是冰心魄针，专门戳刺他的魂魄。

罢了，不如铺一张纸，拿一支老笔，和着泪水，蘸一头淡墨，把他思念的她画下来。描她的柳眉，画她的细眼，勾她的裙角，摹她的鬓髻……顷刻，纸上一个人儿浮现，好似微笑着要从画纸上走出来一般，让他忍不住想拭去她眼角盈盈的泪水，拂去她覆额的愁纹。然而，他伸过去的手是那般冰冷，她依然温柔地看着他，嘴角似笑未笑，有一种探询的口气，好似在问："心上有人，苦吗？"不苦，骗谁？他呜咽无声，不答似答："心上有人，着实苦。又是谁把苦予我吃？"她黯然，似在说："身心俱放，即不苦！""情"之一字重于泰山，谁能提得起，谁忍放下？

如今，她站在纸上，他活在世上。一纸之隔，竟然是阴阳两世。他呜咽无声，湿一片青衫，摊开如莲的掌心，将斑斓着疼痛的词句，嵌入这跳动的字里行间。

画不成，看不成，泪如墨，墨如泪。

多少个暗夜，就这样一幅幅画着，画完痴痴地望着卷中她，任凭心绪被一泓相思的秋水，急急搅乱，肩披着被泪雨柔软了的夜色，脚踏着如雪的孤单与寂寞。或许，他真的不知该怎样为一束过早凋谢的花朵，以他咯血的喉咙，叩节长歌？

当滚烫的血液，将盈满哀愁的词句，于深锁的眉间，绽放出艳丽的火焰，经年的记忆，又怎能不令他泫然？

或许，当泣血的冰笺，写满了尘世的孤单，当迷津的渡口，斜泊着相思的舟船，卢氏呀！你可知道容若拢着一颗碎裂的心，种植着一份怎样的期盼？

期盼她突然会如旅人般回归，那碎落的脚步，能够踏碎他滋长着疼痛的罂粟，荡破他心湖沉寂着孤寞的层冰。

于是，他在每一个旭日初升的白昼，便开始期盼含烟绕梦的清辉，从残霞夕照的黄昏，期盼那轮君临大地的朝阳，万蛊蚀骨的煎熬中，任飞泪点点，层浪千千，终却也难以收拾这场命定的预言。

当理性冰封不住心的放任，有故事的人，怎禁得住这滴答作响，檐雨声声的夜？一如面颊上垂落的晶莹泪滴，终难以化得开阴阳两隔的恨深情浓？

多少年来！他曾无数次尝试着要将镌刻在心头，典藏在记忆的她，或者那曾令他心旌摇曳的盈盈一笑，还原成一卷传神的丹青，可每每他握住蘸墨的画笔，便一如握住了无望的宿命，明明感觉她就在他眼前的壁上亭亭而立，一触手，便唯剩一壁凄清的冰冷。

一如她游走的生命，踏着萋萋的苔痕，携着刻骨的思念，踱步于他们曾赌酒泼茶比肩而行的地方，最终，却怎么也觅不到那长满笑声的长亭。

当冷冷的夜风，随着摇曳的烛火，卷起画卷的一角，泪光中，他恍若看到了一只竖立的耳朵，令他在幻情中，贪婪地聆听她均匀的呼吸声，聆听昨日鬓边的窃窃私语。

是那颤抖的心弦，那灵动的浮现，令他恍若再次回到了那些与她绣榻闲时，并吹红雨，雕阑曲处，同倚斜阳的日子。

那些有呢喃、有笑声的音符，颤动在语言的枝丫上，似在等待着被他掌心炙热的情感去重温，去提炼。

今夜，他形如一只鹣鹣，舞动单飞的翅子，抖落下片片殷红的落羽，荷着难消的伤痛，穿越尘世的墙篱，于时光的夹缝中，企图牵出那段昨日比翼的欢歌。

人说，梦好难留，诗残莫续，然她可知，他真的不能够从迷醉中醒来，怕醒来后独对这一室的清冷，怕那如断线般垂下的雨点，滴在青青的石板，那连绵不绝的声响，会时时刻刻提醒着他的孤单。

窗外风吹雨斜，檐下似诉似泣，当灵魂的触须，难以击碎隔世的陶片，面上有泪，咸咸涩涩，如叹息般点点碎落。

不愿醒来的泪梦，依旧将一挂镂刻着相思的雨铃，系在了摇曳的树梢，企图让往事的风雨，浸润清澈的水湄，涤去障目的红尘，能够令他在每一次的绕梦行吟中，都可以鲜活地看到她那窈窕的倩影。

夜雨是流寇，一遍一遍地扫荡了他的内心，她却不知，就像他曾经不知她一样。她走了，轻轻地，就像她曾经轻轻地来，使他原本残酷且冰冷的宿命，逐渐发热，遂成就了一生最松散的光阴。

若苍天是有情有义的苍天，若飞檐还是能撑一夜雨泣的飞檐，他放下肩上所有的重轭，对她如此承诺："在遥远的来世，若你还能抵达我心中的那座山，攀至峰顶，你将看见，只有我才能看见的风景。那时，我一定以红绳为我系腕。绳的一头，不绑富贵浮云，不绾宦海浮沉，只系你的纤腕，再在旁边写上：'不许解开，夫妻情深。'"

寒风吹拂黑暗，夜翻过一页，是黎明还是更深沉的夜？她好似从画纸的那面走来，像提着战戟的夜间武士，又像逆风而飞的蝴蝶。

他掌中的相思花儿只剩最后一朵，随手放入她的衣袋。

今生日子总会过完的，愿，春不再发芽，夏不再开花，秋不再落葩，冬不再醒发，四季快老，了了这一生。

“你等着，我随后就到。”他轻轻说道。

画纸湿了一片。

诗残莫续，赢得更深哭一场

沁园春

丁巳重阳前三日，梦亡妇淡妆素服，执手哽咽，语多不复能记。但临别有云：衔恨愿为天上月，年年犹得向郎圆。妇素未工诗，不知何以得此也。觉后感赋长调。

瞬息浮生，薄命如斯，低徊怎忘？记绣榻闲时，并吹红雨，雕阑曲处，同倚斜阳。梦好难留，诗残莫续，赢得更深哭一场。遗容在，灵飙一转，未许端详。

重寻碧落茫茫，料短发，朝来定有霜。便人间天上，尘缘未断，春花秋月，触绪还伤。欲结绸缪，翻惊摇落，两处鸳鸯各自凉！真无奈，把声声檐雨，谱出回肠。

相识偶然，只因她那如梅花般清越、柔和的声音和那一低头的温柔；相逢注定，虽然因意外的婚配又惊又喜；相聚短暂，仅仅三载时光，却享尽了人间所有的情爱；别离匆匆，新生命之喜转而成为一生之殇。他视她为今生唯一的知己，佳人易得，而知己难遇。

自卢氏去世已有两载时光。这两年里，容若的思念如蔓草一般肆意地生长，因无法承受失去卢氏之痛，而憔悴、消瘦，甚至生病。常常，醒着时，卢氏的一颦一笑似在他的眼前，仿佛她还未曾离开过；而在梦里，纵使苦苦地寻觅，纵使睡前千百次呼喊她的名字，唤她“魂兮归来”话长短，可是每次都觅不得她半点芳踪。

也许是容若的苦情，感化了司命；也许是卢氏生前的苦恋，感动了冥府，两年后一个清冷的秋天，离遍插茱萸的时节尚有三日之余，容若如常履榻登床，旋即进入了梦乡。而卢氏也踏月“归来”。

月色如痕，仿佛镌在三生石上的印记。

忘川水边，两岸静立。此岸，是今生；彼岸，是来世。孤立在两岸之间的身影苔痕斑驳，如同不堪一握的幻梦。

风，憔悴了红颜；泪，浸湿了素衣。纳兰府的旧灯笼还是那般忽明忽暗，照得她的那缕瘦魂更加飘荡，青竹依然绿着，莲叶依然妖媚，湖水依然澄澈，那扇小轩窗依然微启。“容若，是我。”她在心里默默地念道，掀窗而入。

室内，金炉香尽，竹帘半卷；洞箫声哑，素琴弦断；连她常日里插花的莲花瓶也淡褪了清丽颜色，一圈又一圈的落寞。

月色凄清，照着他孤寂的青衫，也照着已经被灰尘封死的妆台。妆台上，那只玉盒子里面，还有半盒胭脂，那是前年他摘了园子里初放的玫瑰花瓣，细心制成了胭脂膏子给她的。还记得，他兴奋地告诉她，要用最娇艳的花制成最精致的胭脂，装点她的素唇。旁边的螺钿盒子里，有一只蝴蝶金钗，是他精心描了样式，吩咐巧匠们打制出来的。他说，最爱看那一双蝴蝶在她鬓边飞舞；还有那一对温润的玉镯，那几枝璀璨的珠花……哪一样不是他亲手相赠?

“容若，容若！是我命薄！”她喃喃自叹，泪如雨下。

妆台还有一束已经干枯的桃花，插在一个落尘的广口瓷坛里，瓷坛里是新盛的水。其中有几片桃花瓣儿落入水中，洇红了半坛水，如断肠人的泪。

还记得那年桃花盛放的时候，她在桃林中翩然而舞，他抚琴相和。衣袖随风，拂落片片桃花，如漫天红雨。她捡起几瓣儿，捧在手掌，唯怕它们受了惊，再随风而去。他看她烂漫得像个孩子，遂顺手折了几枝，藏在身后，欲回去给她插上。偏偏被她看见，一脸的愠怒，她不舍得花儿被生生地折断，就像她不喜欢他们被生生地分开。

如今，这一束桃花还在，她却不忍再看，转身，却看见案上他新填的词，墨色淡薄，泪痕未干。

“谁念西风独自凉，萧萧黄叶闭疏窗。沉思往事立残阳。被酒莫惊春睡重，赌书消得泼茶香，当时只道是寻常！”

生死陌路，又该到哪里去找回这些寻常时光？再不能晨起让他画眉，再不能晚来对他卸妆；再不能与他并吹红雨，再不能与他同倚斜阳；再不能午后为他捧茶，再不能寒夜为他添香……

这人间天上，尘缘已断，春花秋月，情何以堪？

重寻碧落茫茫，红尘幽冥，天各一方。今夜，她淡妆素衣，前来看他。只为再一次细诉她的相思。从此，魂幽幽，天人永隔。

“容若，我来看你了。”她忍不住痛，声音满是悲伤。

他沉睡的嘴角，露出一丝苦笑，眉毛微锁。这声音为什么这般亲切？

“容若，我的郎君。”这一次，他怔住了，不仅因为声音的真切，更因为他闻到了她独有的气息，这是梦，还是幻觉?

容若微微睁开眼，眼前的人不就是他朝思暮想的人吗?知是梦却仍不敢言语，仿佛只要他一开口，这场梦就会醒，而他也就永远也看不到这个曾日思夜想的面容。

“你怎么来了？”

容若不相信自己的眼睛，明明将她锁在梦土上，书卷岁月，粉黛春秋，一笔一笔地慢慢老，不承想，如今她飞越关岭，趁着老鸦未醒，站在他面前，泪水一湖一湖地流。

苦苦的思念像烈酒，浅的时日微醺，浓的时候醉人，而最烈的时候烧心炽肝，呛到人泪流满面。这思念之酒早就将他灼伤，不堪入目，不承想，她也被这酒呛得满脸红霞。四目相对，满溢的泪水堵住了视线，却凭着昔日耳鬓厮磨的默契紧紧握住了双手。

“执手相看泪眼，竟无语凝噎。”这安进红豆的相思骰子，入骨的滋味又有几人晓得?何况历经死别。

往昔如此漫长的夜，在今夜显得如此短暂，相隔两载，一直天地相隔，该是遗漏了多少未曾说出的情话啊。她一言，容若一语，竟似要把这一生的话说完。她与他多少的情分，当日多少的言语，此生多愿一直听下去，直至耳朵结茧也不停息，年老耳聋的时节也要读懂彼此的唇语。

这世上多半的情话毫无意义，但幸福感生于每一句情话里饱含的情意。他不记得说了多久，亦忘了所言何语，只记得她握着他的手，吟了半首残诗，如金石之声般击中了他所有的感知，字字记得分明：

“衔恨愿为天上月，年年犹得向郎圆。”

可惜了前生，相聚时间太短，她未能排尽他胸中的愁绪，如今，只求那“痴情司”将她的一缕香魂幻化成天上的一轮明月，年年岁岁，与他圆缺相对。

叹只叹世事无常，瞬息万变，她曾经那么鲜活的一个人儿，怎奈薄命如此，如一瞬即逝的流星，惊鸿一瞥，却再寻不着踪影。昔日，他们绣榻同卧，于那栏杆曲处，看落红如雨，共沐斜阳一片，虽未言语，情意依依……所有这些都应了李太白言：“浮生若梦，为欢几何。”

然，明月哪能遂人愿。

纳兰容若知道，生前她并不善于作诗，今夜却在这里作出如此工整的诗句，就连他这个有才华横溢的词圣之美誉的人，也难以续上下句！容若悲戚哀恸，不能自已，真想学着唐玄宗那样“上穷碧落下黄泉”，随着她去，把那之前的薄情变成浓得化不开的厚意，把那之前的是是非非涤成真真切切，把那之前的冷眼化成一心一意的软语，生生世世，心中不再有悔。

软语未完，离天亮只有一段小路。屋外的寒风已经等得不耐烦了，黑鸦也一遍一遍地催促着，他们紧拥着，不愿意分开，可是“自古穷通皆有定，离合岂无缘”。那魑魅魍魉将她的魂魄撕扯得摇摇欲息，他不忍，松开手含泪说道：“娘子，不要回头望我，这样，我才能听到你来世的第一声鸡鸣。”

她听到此言，一个趔趄。“郎君，别悲伤，请记住，又一轮守护你的明月，等候在深夜的山头。奴去也，莫牵挂。”

梦中的这一相聚，不过是上天好意的一个施舍，却使情伤的人在梦中美美地甩了一个趔趄。

容若醒了。又是梦，想循着梦中她去的方向，可他看到黑夜茫茫，无从下脚。真想拔下覆额的白发，当作这黑夜的行灯，带他去浮游。

这难断的情缘啊，这还伤痛着的触绪，为何连追忆缅怀的福分都没有？他只想找到她，回到梦中刚刚那个充满腥味的黑夜，高高将她抱起，让她完整地面对星空，尊贵且温情。只希望，她迷路的幽魂，可以借着仰望，借着高举，获得慰藉。然后，从今夜启程回到另一个夜。

他起身，披一件薄衫，梦已让他凉透了，还不如去更凉的地方，把自己结成冰。

他来到了湖畔，慢慢走过小木桥，脚步声回响，仿佛有另外一个人陪着。就在出桥转弯处，一棵庞然莲雾树下，突然跃出一对鸳鸯，与他偕行数十步后，各自散去。

罢，罢，人生无奈，不如回去，将那檐下声声滴落的雨水作诗句，来谱出他荡尽愁肠也解不了的相思情意，让那未竟之愿、未偿之恩，都在泣血的诗词中，善终。

他倚着桥，眼看浮云，心却等着明夜的红月。

唱罢秋坟愁未歇

蝶恋花

辛苦最怜天上月。
一昔如环，昔昔都成玦。
若似月轮终皎洁，不辞冰雪为卿热。
无那尘缘容易绝。
燕子依然，软踏帘钩说。
唱罢秋坟愁未歇，春丛认取双栖蝶。

【〇七一】

使灵魂不坠的是爱，使爱发出烈焰的是月亮。

深夜不寐，容若一手执一酒壶，一手执一杯，行至院中，中天月色姣好，院中那棵清瘦的木槿树，以单瓣的花语，尽情地为这薄幸的秋夜怒放着。他黯然神伤，树在人却亡。曾经，暮春园径，有一道紫雾在脚下飘浮，妻子卢氏扶着的也是这棵木槿树，指着园子里满地的落英，问他："会不会我们也逃不过宿命的飘零，人面桃花成空？"

容若心下一惊，不知作何答。他想告诉她，其实万物的身影中，有很多造物主戏谑作弄的笔触。比如旁边这一棵白玉兰，像一只谪居的白鸟，无法从它那里听到啼春的欢悦，听到唤偶的急切，听到伤秋的泣泣诉诉。只是一次又一次，被罚去展翅，向着天堂的方向，一次次飞落。但是这种解释，未免太感伤，他只好转身，指着一树出墙的杏花，说：

"瞧，它们红得无邪。"

妻子循着他指的方向看去，那杏花像发了怒似的，不知道跟谁怄气，大概是嫌冬天的步调太慢了吧！所以，一听到春的跫音近了，就不顾一切地蹿出枝头，沉甸甸地匍匐到墙外。那到处绽放的样子，倒有点天不怕地不怕的气势。

“那种喧哗真令我眩晕。”她淡淡地说。

一听此言，他赶紧走了过去，挽着她的胳膊，轻声说道：“不如我们约定，将来不管谁先走，我都会将自己的魂魄编入你的束发缎带里，而你必须藏于我的袖口，这些都是死亡管不到的地方……”

昔日的誓言如此清晰，一双人，只剩他一个听着满树的叹息，他抬头，却看见月光在树顶飘雪。

天空中有几颗落魄的星辰，乘着淡淡的月色，跌入他手中盛满孤寒的杯盏，一股黏稠的流质，便随着心事的暗涌，鼓荡起血性的波动，迫使他，将一杯相思的烈酒，哽咽入喉。

当初，她将一把一把的红豆，洒在了亘古的虚无里，轻舞着幻美的衣袖，转身就走，去了那个梦魂难以抵达的地方，令一抹撕扯不断的相思，于浸满血泪的冰笺上，长成了经年的愁。

她走了，他却开始常年的迷途，生之乐趣摒弃他，死的期盼封锁他。

他站在院中，酒杯已空，却盛满了一杯银月泻浆，不忍看，低头残红成冢，平目千树寒瘦，抬头一弯弦月，四顾轻笼绛纱。梦境般的夜色，战栗着他灵魂的琴弦，此刻，仅此一壶淡淡的薄酒，已将他刻骨的情感醉透。

望着天上星月轮转，玉兔含烟，微颤的嘴角不由得哀叹，辛苦最怜天上月，一昔如环，昔昔都成玦。纵使她曾有“衔恨愿为天上月，年年犹得向郎圆”的誓言，又怎能够暮暮朝朝相伴？

念红尘离合悲欢，几多哀怨，当往事只能散落于诗笺。当冷月下仅剩难慰的孤寒，他便夜夜觅着那缕她残留胭脂的冷香，将一阕阕召唤的笙歌，于一泓无可凭寄的相思中，幽幽地弹。

究竟是谁捏碎了他们的爱情誓言？三年的琴瑟和鸣，换得的仅是这一世的心伤，令若干时光中的他，总像一阵飘摇不定的风，找不到方向，令那些洒满笑声的月光，遗落在了尘埃堆积的过往。

当那滴涩涩的冷泪，就着梦境的月色，缓缓垂落，湿了杯盏，淡了酒香，他便唯有将一丝残念，依附于游弋的夜云，企图可以梦吻她桃花般芬润的香腮，丰满醉梦深处的那一次人间天上的两两相望。

若她真的可化为天上月，令每一个孤寂难挨的暗夜，都披上圆月的韶华，他决不会再以旧步伐走入繁重的白昼。他一定会备上一席坐榻，等她的柔光入怀。如果，连这些都不能有，还不如撕两片夜云，放一把火，把她烧成满月。

誓言一旦食言，故人一旦故去，誓言中几世的相守，即刻变成了短暂的刹那，瞬间的相拥也会化为永恒的凄零，思念出牙，将一切都噬咬。

每每当他面对着冷丽的镜台，想起那隐约的往事，便会响起她清脆的佩环声，如月迷黄花，似风动琴弦。

聆听着那虚幻的跫音，一如徜徉于水中的花在冷月的清辉下，总会泛起幽丽的涟漪……

那千百个相濡以沫两情缱绻的日子，那些赌酒泼茶一如寻常的记忆，早已深深地烙在了他的生命里。怎奈如今阴阳两相隔，他纵然泪流成河，结泪成冰，纵然唱遍挽歌，血凝于土，又怎能停歇下他内心的哀愁？

到如今，她去世已有五年了。五年的风暴雨虐、蝼蚁啃咀，不知道她的身躯可安然化去？他随仆人来到她的坟上看她，只见野草高长，在风中摇曳，摇乱了天上的明朗和清晰。他只是在坟前放声哀痛，天！

他在地上伏跪着，她在地下躺着，这一生一死的重逢，不能执手，只能泪眼相看。在咸泪流过之处，竟有点顽石初悟的地崩天裂之感。难道，他们真的就这样不能再见面了吗？自此之后，她应该看穿人身原是骷髅，剔肉还天，剔骨还地，最终恢复为一介逍遥赤子。他也应该举足，从情感的牢笼中破身而出，落地成为世间的父亲，将未有点燃的柴薪化成炊烟，去供养如许苍生。

唉，做了三年的夫妻，他们至今缘尽情不灭。滔滔不尽的尘世，为何如此不可丈量，她不够，他却嫌长。

仆人催回，未看见她，他不想走，真想就这样陪着她的坟孤老终死。

仆人耐不过他，先回去了。他再点一炷香。香烟升起，如春蚕吐丝，虽散不断，像极了人世的念念相续。墓碑上，刻着她的名字，他用指尖慢慢地描了一遍，好似认领她的五官七窍和音容笑貌，突然沙屑黏在他的指肉上，血渗了出来，他心中的悲伤潮水般涌来。

“如果来世还能乘愿再遇，当要身体发肤相爱。”他长歌当哭。

所有的人都走后，坟墓又安静起来。他择了坟旁一处巨石躺下，仰观天象，星子依稀赴约了。月娘未到，不知道是圆是缺？他苦笑，有些孤寂的泪水还在脸上，更行更远还生。她去世的这几年，他把情感早已筑成一座不设防的深院，别人攻不进来，他自己也走不出去，就像现在的她，静静地躺在这里，不走也不来。

天暗了，忽然两只蝴蝶飞旋在他的头顶，没有声音，翅膀却似抖了一路的天籁，有一句话被风儿捎过：“守坟的人，寂寥的人，迷路的人，该回家了……”

去哪里，家的方向在何处？有她的地方才有家，没有她的这世上哪有他的去处？他心里涌出无限的酸楚，看着被野草艾艾的坟头，像一只披头散发的鹊巢，被倒置在这荒野。

如果压在她身上的是柔软的棉被而不是这冰冷的黄土，他的痛苦会轻一点。如果包围她的是花朵而不是这四周的乱石瓦砾，他的眼泪会少一些。如果轻抚她的是纳兰府如雨的落红而不是这坟上的野草，他的愧疚会短一点。如果亲吻她的是阳光而不是这永恒的黑暗，他的无望会浅一点。如果在她耳边诵唱的是他的轻语而不是这乱吼的野风，他的心不会这么痛。如果奋力发掘即使十指流血不止，可以将她搂抱入怀，听她唤他的名字，说完每一桩遗愿再走，那么，他现在对自己的恨不会这么深。

可眼前的她，是被弃的灵魂，带着深沉的爱在前生和来世的决裂之处，找不到重新投胎的缺口。而他，苟延残喘在世上，带着深深的思念与愧疚，已找不到活着的理由。

魂归来兮，他恋恋不舍的妻子。他将刨去压在她身上的垒土如同刨掉长在他身上的罪恶，剪除围困她的野草如同剪除他曾经的薄情，抹开包围她无声的黑暗如同抹开他曾经的寡义，最终还她一个自由的魂儿。

魂归来兮，望她今夜守护着他，做他永不倒塌的灵魂梁柱，当诸神离席的暗夜，他亦不恐不惧，因为抬头亦可看见千万颗闪闪的星子，陪他直到阳光降临。

“魂归来兮，在这寂冷的秋夜，我带你回家。”他再也忍不住了，放声悲喊。也许，这喊声太过悲伤，月亮竟然出来了，是一弯上弦月，星光密布，一起向人间的灯火普查，他不关心这些命定，只念着，愿她将生前诸般的苦厄情爱轻轻放下。

“容若，回去吧，带我回去吧。”他的耳畔有一个声音在萦绕，似她的规劝，又像是他的安慰自语。

他颤颤起身，顾不上拍去身上的尘土，双手捧着阔袖，偕着她的灵魂在这荒野翻山越岭。他不敢回头，只是在心里默默祈祷：闪电不必追赶，天空的雷无须催促，因为有一个灵魂想回家。

一路上，他心里出现从未有过的战战兢兢，五年过去了，第一次感觉自己的生命还这般饱满，第一次感觉到自己的血液还是这般澎湃，是因为感觉到她的存在了吗？也许是太过兴奋，他几乎是一路小跑，归返的途中竟然撞上了路边几枝探出的枝丫，惊飞了一树的不知名的鸟儿，它们奔月飞去，晃着零碎的黑影。

到了家，月光一寸一寸地萎落，毕毕剥剥的声音，就在他走进家门时候，赫然发现那坟上的野草套在自己的靴上。他低头凝视，仿佛听见从遥远的荒野，一丝煞白的魂魄向他跑来，叫着他的名字。

他忽然明白，她一路护送他回来，只是让他的相思之愁，更深更浓。

或许，明年她便不会孤单，在姹紫嫣红的万花丛中，在芳草萋萋的孤坟之畔，他将与她一起，化作两只双飞双栖的蝶，从此再不分开！

料得重圆密誓，难禁寸裂柔肠

青衫湿遍·悼亡

青衫湿遍，凭伊慰我，忍便相忘。
半月前头扶病，剪刀声、犹在银釭。
忆生来、小胆怯空房。
到而今，独伴梨花影，冷冥冥、尽意凄凉。
愿指魂兮识路，教寻梦也回廊。

咫尺玉钩斜路，一般消受，蔓草残阳。
判把长眠滴醒，和清泪、搅入椒浆。
怕幽泉、还为我神伤。
道书生薄命宜将息，再休耽、怨粉愁香。
料得重圆密誓，难禁寸裂柔肠。

词之长调较小令要难许多，毕竟那“语气贯串，不冗不复，徘徊宛转，自然成文”的规则折煞了许多词人，唯有纳兰，无论是自然流畅的结构，还是凄婉动人的情感都恰到好处，浑然天成，令人拍手称妙。纳兰性德的好友顾贞观曾说过：“容若词一种凄婉处，令人不忍卒读，人言愁，我始欲愁。”

作为“自度曲”的词，容若之所以写得如此流畅感人，是由于他的妻子卢氏因难产去世半月。当时，正值康熙十六年暮春，面对爱妻的离世，纳兰几乎绝望了，他无法接受这个残酷的事实，研磨挥笔，饱蘸了一腔浓愁，写出了《青衫湿遍·悼亡》。

半个月前一个黄昏，西天一抹残霞，黑暗如蝙蝠出穴啮着剩余的光，天空喷出黑血颜色，枯干的春季有一股腥。

纳兰府后山的松林像寒风季节涌动的黑云，中间一条石径，再往后荒无人烟。晚蝉乍鸣，千只万只，悲凄如寡妇，忽然收束，仿佛悲剧收场。

她，大腹便便，躺在床上，忍着提前分娩的阵痛，听松涛翻滚，那声音令人战栗，好像有人在询问：

“你愿意走向世间最痛苦的这条路？”

“我愿意！”

“你愿意舍生割肉，生养一个可能遗弃你的人？”

“我愿意，我愿意做一个母亲，哪怕舍去生命。”

种种承诺，皆是火燎之路。承诺时她并非被疼痛折磨糊涂，而是视死如归。一个因承诺成为母亲而身陷血海的女人，好似能看到产房门口贴着的符箓：“你做了第一次选择成为母亲，现在我给你第二次选择，也是最后一次选择：里面有一碗苦药，你饮后，所有你身上的苦厄都会消灭，你重新恢复如初，只是终生不会再孕。”她拼命地摇了摇头，宁死不应。

结婚三年了，她才有了肚子里这个婴儿，或许等待的时间太长，这不，他要急急地早来。

听她传来的一声一声尖叫、哀吼、怒斥、咆哮，那些难以用词语形容的哭喊，如万箭向他射来，他顾不上许多，冲进了房屋，掀开布幔。她正面临一波痛潮，那张熟悉的脸好狰狞，仿佛上面有跑跑跳跳的山丘、田野，怎么一下就荒了起来。他满脸焦虑，她却不忍起来，催他出去。

他慌慌张张跑到佛堂，拉开神案抽屉，数了几炷香，点燃，为了她和孩子向天公、神明、祖先祈求，愿妻儿平安。

子宫还在收缩，痛，如撕肉裂骨。奇怪的是，平常胆小怕痛的她，竟然果敢起来，适应了那痛，全心全意地喊着婴儿的乳名——他被困在一只出口太小的坚韧皮囊里，冲撞不出。

她非常非常累，虚脱，像一条毛毛虫爬在她的身上。可是又觉得焦躁、亢奋的情绪交互出现，强烈地撞击着“要把孩子生下来”的念头。旋即，她被求生的意志激怒了，像一个最高统帅亲自指挥着万千兵卒，向前冲去。平时她一直娇弱，可一旦陷入人生低潮、困境，她心中那股不服输、不肯输的气概便会出现，她曾用这气概守着他们的婚姻，现在，同样她要守着他们的孩子。

剧痛如疯狗般袭来，她吸气，咬牙屏息，两手紧抓着产婆的手，将所有力气孤注一掷向腹部用去，一声婴儿的啼哭，锐细的声音，像一把箭羽，射向她大脑的最后一盏灯。身下血流如注，她只觉得自己忽然变轻了，像秋天树林里飘出的一片枯叶，在风里打转，飘回家乡的冬山河上，穿过老树、水鸭、炊烟，又缓缓地飘向阴阴暗暗的山谷，风吹拂，冷冷的幽谷，什么也听不到。

承接生子之喜容易，接受丧妻之痛却难。他一夜都遇见，青衫怎能承载这宿命的捉弄？

世上两种最苦之事：一者生相离，二者死别离。而其中最让人哽咽难言、不可以为外人道的便是这“死别离”。生而犹有再见时，唯有死别，远隔幽冥黄泉，不得见、不得闻，于万千熙攘之人群中骤然消逝，久之为人淡忘，再无消息。

半月后的今天，他忆起她，常常是带痛的、带憾的、带恨的、带愧疚的、带无奈的，这种复杂的情感一直蔓延了他所有活着的时光。

他与她相伴三年，虽然由于作为御前侍卫的他常常需要随驾远行而忍痛分别，但相思相忆总是苦涩中带着甜蜜，尤其是幻想重逢的那种激动与喜悦，好比那织女牛郎七夕相会，让她一朝原谅了所有等待的艰辛，毕竟拥有这份情的人都在繁华的世上。那时，他就是这样，与她相伴，头一次将自带的入骨悲凉渐渐融化，将心融入了家庭如被衾般温暖的窠巢；而她也感谢上天的眷顾，用真情感化了他，让他们的婚姻变成了爱情的沃土。

但幸福的时光总是短暂的。就在他们还沉浸在幸福的生活中时，她病倒了。她的身体素来柔弱，许是难禁思念他之苦，许是难抵气候之寒，总之，她病倒在了明珠府，身体每况愈下，偏偏有孕在身。

还记得半年前，她怀胎三个月，她也不想他担忧，时时念着为他解烦除忧：知道他会因为她的带病怀孕忧心不已，怕他会因为牵挂自己而无心处理朝政，尤其是怕他忧虑过多伤害身子。于是，在一个天色略黑的夜晚，他借读书排遣忧愁之际，她本是躺着，只觉得昏暗的灯光如豆，让他的眉头锁得更紧。她强撑起柔弱的病躯之体，拿起剪刀，对着银灯上已略长的灯芯，轻轻铰去，闪烁的灯苗立即翩翩起舞，他抬头，看见灯光火凤凰，衬得她那张苍白的脸，更添了几分惹人怜爱的娇柔。

那时候，其实，她的面目早已因潜伏的病灶难靖，清瘦异常，他只好吩咐她不可太累。她却委屈了，说："我就活这一次，在你面前我偏要飞扬跋扈。"他语塞，心下却暗暗苦叫，难享天年的，古来如此。

他珍爱她的生命，大大胜过他自己的。那一次，他伴圣驾出塞，回来，在路上买了一对玉镯回来，那玉镯的肌理有荷质，像她。她笑纳："这镯子，似生命，有繁华落尽的感觉，幸好，不染淤泥。"她认真地戴上手腕，虚弱地在病榻上闭目。

病魔却与她弄刀耍斧，她谦称这是宿业使然，看着灯下自己细细瘦瘦的影子，怯怯地，触目十分眼熟。看着泪如雨下的他，她摸着自己微微隆起的腹部，轻轻喟叹："天！给我时间。"

谁料想，剪灯花的身影尚在眼前，已然是黄土埋卿、生死永别的情景了。"何当共剪西窗烛，却话巴山夜雨时"，这已成奢侈的愿望，若尚能得同剪烛花，夜夜与她聊起巴蜀绵绵不绝的夜雨，那该是何等人生乐事啊！

他的泪水打湿了单薄的衣裳，只因一个深爱的人此生再也无法相见，那黄土垄头埋着的她的身躯怕是早已冰凉，他无法去温暖她，正如别人再也无法劝慰他不要心伤；也不要有人来劝他忘记吧，他又何尝能够忘记关于她的点点滴滴，又怎么能够忍心忘记生时的千般温存与万般恩爱。

在寂寞空荡的房间里，他止不住地想起了关于她的一点一滴——

她生性胆怯，从不敢独自一人待在房间里，往往需要有人相陪，方能安心。在他随君出塞的那些日子里，家中侍从在一旁尽心服侍相伴，她心上虽万般寂寥，但眼前到底是不怕的；而今灵柩于黄土中凄凄冷冷，再也没有人能够陪伴着她了，只有坟前梨花影落其上，想来该是叫人多么的心疼与伤痛！

他不止一次地想要去寻找她，哪怕幽冥中的魂，想为她“招魂”，为她的魂指引回家的路，哪怕再来看一遍这走过无数次的回廊，也能够让他感受到她尚在身边的感觉。

她过世后，灵柩暂厝于双林禅院，与埋葬宫人的“静乐堂”相距颇近，同样是荒烟蔓草的景象，在夕阳渐落的光辉里凄凉到一样颜色，怎不叫人为之感慨、伤怀。一思及此，他就痛不能当，宁愿用他的热泪和着酒浆把她滴醒，让她复苏，好让她不再忍受独自一人的寂寞和悲凉。

可醒转过来之后呢？她本就怕他因琐事伤神，也许她会怨他放不开儿女情长。本就一薄命书生，又有何福再来消受这世间情爱？他悲戚地想，虽破镜仍有重圆日，但与她曾经许过的诺言，怕是再也没有能够实现的那一天了吧，思及此，不禁教人肝肠寸断。

【〇八五】

有没有一种爱情不坠入凡尘，值得众树仰望，云雀为它高歌。

如果没有，这世间真的庸俗得让人难耐；若有，又让人极度悲痛。因为相爱的人必须历劫遭难，才能登上爱的顶峰。

可是，这路太苦，太苦！

所以，他庆幸，与她结成知己，除了对她义无反顾的爱情致以最高的敬意外，有时候，他真的不忍心祈祷这样的爱能再重来。

永恒的爱，只有一次就够了。

如果生命真的有轮回，他想，她这辈子吃的情感苦粮，大概是别人的两辈子的量，来世不妨休息，如她曾经的戏言，死后做一朵花便好。

不，花儿会痴情，一点儿都不好，还是做一棵忘忧草，在海滨或在水上，自在逍遥。

这一生，道阻且长，哪怕是溯游从之、溯洄从之，也不见她亭亭在那岸上。

来生，乘愿不再来。

爱他明月好，憔悴也相关

临江仙·寒柳

飞絮飞花何处是，层冰积雪摧残，
疏疏一树五更寒。
爱他明月好，憔悴也相关。
最是繁丝摇落后，转教人忆春山。
湔裙梦断续应难。
西风多少恨，吹不散眉弯。

一首看似咏物咏寒柳的词，乍看不及细思，细思则不可思量，兜兜转转，仍是一首借物咏人的悼亡词。有人说，自卢氏亡后，“悼亡之词不少，知己之恨尤多”。的确，作为纳兰心中的唯一知己，卢氏的殁去，不仅是一份情感的缺失，更是他一部分灵魂的残缺与抽离，如若不然，哪来的“西风多少恨”？

相传乾隆帝读罢曹雪芹的《红楼梦》，掩卷叹息说一句“此盖为明珠家事作也”，并非空穴来风，只因书中处处都有纳兰的影子，就连一首《葬花词》，竟也如此巧合地与此词相契——

黛玉说“花谢花飞花满天，红消香断有谁怜”，纳兰说“飞絮飞花何处是，层冰积雪摧残”，仿若一个穿越了时空、倒置了性别的男子重又喃喃道尽的心事。

那飘荡无根之物，随风飘拂，如此无助，如此不知所终，保不齐尚要被那风吹雨淋，被那层层冰雪摧残，而那飘尽柳絮柳叶只剩下萧条枝干的柳树，在五更天寒的天气中好似瑟瑟发抖，直教人感到凄凉寒冷。纳兰词往往语出有因、精准用典，这层冰积雪，深究之下竟是《招魂》出处，而“招魂”之意一出，卢氏形象便呼之欲出，纳兰心事便也一览无余——

“魂兮归来，北方不可以止些。
增冰峨峨，飞雪千里些。
归来兮，不可以久兮。
魂兮归来，君无上天些。”

也许正是纳兰一遍遍地执着“招魂”，卢氏才会终于在梦中与他相会。

在冥冥长路上，卢氏走了多少春秋，多少丈人间红尘，终于来到他面前，虽然是梦中，她依旧认出他那疲惫的面貌，正是她的魂梦所系。他那沙哑的声音，正是她期盼的清脆。她从他的眼眸里看出她最原始的身影，她知道，这是他们唯一的辨认。

人间的鹊桥，虽不如天庭的美丽，但他们愿意一砖一瓦地建筑。

人间的天气，虽不如天庭晴朗，而他们愿意齐心协力一同躲过天崩地裂的风暴。

人间的箪食瓢饮，虽不如天庭的琼浆玉液，而他们愿意饭蔬饮水甘之如饴。

他们愿意，此去经年，千山万水，永不相离，生老病死，永不相弃。

但是千里迢迢，阴阳两隔，岂能让她日日跋涉？忘川的渡口，岂能允许她随便出入？

又是一个月圆的夜晚。

或许，往事总被月光照亮，有月的夜晚，他躲避不了心境的荒凉，当几颗醉眼的星子，乘着浓浓夜色，跌入冰凉的杯盏；当一袭袅娜着芬芳的羽衣，在他冰凝的记忆中曼舞，那水中的冷月，镜中的冰花，飞扬的柳絮，竟难以承载痴情的红霜。

假如，能够将词笺中搜肠刮肚的精血，排列成迷津渡口斜泊的舟船，那么，他愿意带着一盏残灯，几阕新词，借一束尖锐的闪电，在白昼与暗夜的交替中，在生与死的轮回里，将她人间天上一一寻遍。

她了解他，知道他一生无意于世俗的声色犬马，无意于浮云般的富贵荣华。她的离开，令他化作了一只亘古寂寞的寒鸦，夜夜伫立于忧伤的枝头。

醉听残漏声声，孤寂与伤痛交织的暗夜里，伴着天上的一轮寒月，他凝伫如古幽的雕塑，痴望着只剩下满树扶疏垂飘的柔枝，遥想着如昨的往事里，于别离时刻，她在折下的柳条上，留下的那枚相思的指痕。

一阵又一阵料峭的冷风，掠过府邸楼台下月辉笼罩的柳枝疏影，刺入他洁白胜雪的衣衫，微颤的躯体，此刻，竟是彻骨地寒。

她像柳絮般飘然而去，为他种植了一世的心伤，带走了那个摇曳、浮荡、飞絮飘花的季节。曾经，她坚信的誓言，是四月残飘的柳絮。如今，他溯回的记忆，是荆棘丛生的刑场，在这里，他的手磨出茧，足结有痂，偏偏人家的鹊桥已经变成废墟。

她放眼苍茫，要天地为他卜一卜“地久天长”。山川静默蜿蜒，说这一卦不在人间只在天上。

他曾经披发行吟，踉踉跄跄去熙熙攘攘的市井探询，说：“借问，借问怎么才能找到恋爱之初？”好心的人摇摇头，说没有这样一个地方。为何盼到了今生相聚，为何不能同羽同翼？为何曾经的誓约，亡佚成残诗断词失散的琉璃？为何地能久天能长，人间的爱情却离了又聚，聚了又散，如这柳絮？

或许，正如东坡所说，“细看来，不是杨花，点点是离人泪”，柳絮如果飘落到水中，就会化为无根的浮萍，也许他是孑然摇曳的柳枝，她便是那悬于水面的浮萍。

曾无数次于醉梦的最深处，他安慰自己，或许，她已经寻到了最好的归宿。但他不知道，她多么想投胎做一只雁，为了爱，甘愿投进人间的尘网，折翅敛羽，要寻回上辈子流散在洪流中的另一只孤雁。

蹚过凝霜的落叶，抚开冷月微茫的光晕，梦中总依稀弥漫着她冷而甜的胭脂味，还有衣袂拂碎露水的细响，然而，他却听不见她枕边窃窃的耳语。在幻情的海市蜃楼中，泊着她的孤魂。

【〇九一】

有她的梦中，他真的不愿醒来，那双凝愁的黛眉，像精灵一样于一瞬间掠窗而过，每次他都来不及呼唤，她便消逝无踪，留给他的仅剩记忆深处那抹冷幽幽的烟波蓝。

爱他明月好，憔悴也相关，当梦醒后收敛了伤感的幻象，明知道，她于清澈的水边浣洗裙衫的情景，那涉水溅裙的誓言，只是他生命中一场绮丽的幻梦，可仍愿让自己纠缠在虚幻构筑的梦中。

酒醉后，喋血的心，面对着凄丽而笑的冷月，他唯有把所有的离恨别愁，尽数化作一阕阕哀怨缠绵的清词，演奏在恍如隔世的舞台，用郁积相思的弱水，血泪斑驳的精魂，将一束虚幻的玫瑰，灌溉成绝世傲绽的红花，为他黑白的情感，涂上一抹艳丽的色彩。

人间天上生死的诀别，令多少个孤灯独守的夜晚，唏嘘里，梦一片空白，一串回味疼痛的血，常常会盘踞在他捻笔的手掌上，让所有的哀伤，尽数化作杜鹃啼血的悲鸣。

也许，没有她的日子里，思念的弦张得太紧太紧，不知何时，竟已绷断了相思的缆绳，一如他身处于光滑四壁深邃的幽谷，无法攀越记忆的山顶，纵然于一脉清光的寒灯下，却也只是，剪却烛芯一线恨，难消心头万点凉。

当赌书消得泼茶香的琴瑟和鸣，空剩下孑然一人，苟活在这孤独的尘世间，独自听风吟，看花落，叹雨悲，怀抱着几多晓寒残梦，沐浴着若干如昨的月光。

清风如丝，一心向西。他又来到了曾经朝夕相处的湖畔。

是不是纳兰府这青翠的湖水，依然是她不死的柔情，潮涨于干旱的季节?

是不是满湖莲韵，是她含饴吐语，字字的叮咛?

如果是，他愿意以性命守护这无源的湖水。爱字不容易写，只看西风在湖心勾勒着一笔一画:

且让萍水相逢的，在湖畔栏杆上，拟下他们的誓言。

且让相识相知的，用真情绣成他们的婚服。

让常年分离的，偶然相遇。

让阴阳相隔的，经常梦见。

让幽怨的，冰释所有的尘土泥沙，让他们知晓，聚是一瓢三千水，散是覆水难收……

而今夜，且让她魂归来兮，他要为她加冕。

西风不老，从前世吹到今生，一辈一辈地。难道是他眉间深锁的愁太浓了吗？这西风也吹倦了，自恨了起来。他苦笑，不见佳人，愁怎能散？

当他沿着原来的路返回的时候，夜色像潮水涨起。他一路提着空酒壶，断断续续，正如他的心跳。

西风别怨，那是那晚湖畔，容若唯一记得的声音。

卷三

肝胆相照的友情词

一日心期千劫在，后身缘、恐结他生里

金缕曲·赠梁汾

德也狂生耳。
偶然间，缁尘京国，乌衣门第。
有酒惟浇赵州土，谁会成生此意。
不信道、遂成知己。
青眼高歌俱未老，向樽前、拭尽英雄泪。
君不见，月如水。
共君此夜须沉醉。
且由他，蛾眉谣诼，古今同忌。
身世悠悠何足问，冷笑置之而已。
寻思起、从头翻悔。
一日心期千劫在，后身缘、恐结他生里。
然诺重，君须记。

“金缕曲”这个词牌名得名于叶梦得的《贺新郎》中“送孤鸿、目断千山阻。谁为我、唱金缕”之句。仅从出处来看，似乎十分适合塞外送别之景。看多了纳兰的悼亡词与爱情词，此刻猛地一看到“金缕曲”三字，实在是很难想象出，这样一个温润如玉的公子孤身长立灞陵桥的样子。但是细想起来，出身于叶赫那拉氏的纳兰，也是可上马征伐四方，下马笔安天下文武兼修之人。他虽身处相府，但一不是相门衙内，二不是贵胄恶少，更不是纨绔轻狂之徒，他身在高门广厦，却常有山泽鱼鸟之思，结交豪侠之意。这阕《金缕曲·赠梁汾》之词，便是抛开了温柔乡、花柳地的容若。

熟语有云：“有人头白如新，有人倾盖如故。”思之再三，猛觉“斯人若浮云，遇上方知有”啊！“德也狂生耳”，首句便急于自表心意，我不是什么相府公子，不是什么御前侍卫，我只是一个平平凡凡的放浪之人，心中还有着激扬文字的狂放。到底是何人物让咱们的纳兰公子如此急于推心置腹地诚心相交呢？

其人名为顾贞观，为明末东林党人顾宪成四世孙。康熙元年以“落叶满天声似语，关卿何事不成眠”之句而受知于尚书龚鼎孳和大学士魏裔介。康熙五年中举，官至内阁中书。又因其富有才华，在当时早已是誉满京华。康熙十五年经国子监祭酒徐元文推荐，于大学士明珠府任西席，正是在此机遇之下，才与纳兰公子相遇相知。古人云："与君子交，如入芝兰之室，久而不闻其香，即与之化矣。"而君子之间也总是惺惺相惜，于万千之人之中，总是能凭着相似的气场找到彼此。

"偶然间，缁衣京国，乌衣门第"一句，更是纳兰对自己出身与官宦世家的无奈与自嘲。一个人可以选择自己的伴侣，可以选择自己的工作，可以选择自己的未来，但是唯一不能选择的就是自己的出身。贫寒之家的孩子，总是羡慕世家子弟的光华外表，但是他们总是忘记，身居高位也需具有能承其寒的耐力。

如果可以选择，纳兰或许宁愿投胎于一个平凡的人家，结交三五好友，醉时共卧山林，醒时花间柳巷，平时仗剑天涯，看苍山洱海，踏五岳之巅吧。但是命运就让他生于侯门之家，那乌衣巷不姓王，而姓纳兰。有多少人想要因为"纳兰"二字与其相交，因为那代表着机遇与权势。

但是真正的君子总是会因其显赫的家世而避而远之，只因内心残存的孤傲，顾贞观就是其中一位君子。但是我们总是忽略"山不就我，我去就山"的执着。读到此处，不禁想起《红楼梦》中林黛玉初进荣国府的一幕。贾宝玉风尘仆仆而归，见到从未谋面的表妹，张口即言"这个妹妹我曾见过的"。贾母笑斥："又胡说了，你何曾见过？"宝玉忙笑答道："虽没见过，却看着面善，心里倒像是远别重逢的一般。"而黛玉也觉得此人似曾相识，都是前世的灌溉之恩才造就今世的绛珠还泪之缘。

除去性别不论，纳兰容若初识顾贞观，应如贾宝玉初遇林黛玉一般地心有灵犀。康熙帝看完《红楼梦》之后，曾笑言："此纳兰家事耳。"虽有几分索引派的吹毛求疵之怪，但是连皇帝都觉得像，那么纳兰确实应该和贾宝玉有相通之处吧。

"有酒惟浇赵州土，谁为成生此意。不信道、遂成知己"可谓是精诚所至金石为开啊！他虽不是平原君可以广纳天下英才而任用之，但是他也仰慕平原君的如兰的品质啊！好一个晓之以理动之以情的纳兰公子。李贺在《浩歌》中曾言"世上英雄本无主"，但是英雄们都愿意"买丝绣作平原君，有酒惟浇赵州土"，慧眼识才是公子的必备技能啊！虽然平原君死后并未归葬赵州，但是我们愿意以酒祭之。既然你顾贞观对我心有芥蒂，那么我就竭我赤诚，换君一顾。纵然朱墙宫深，人心难嗅，但是待你之心不变。

"青眼高歌俱未老，向樽前、拭尽英雄泪"，这一句当是知己相交之景。魏晋时期的阮籍本是"哭穷途于末路"的狂放不羁之人，对人常以"青眼""白眼"区别对待。不投其所好者，皆以白眼视之；得其所慕者，便以青眼赞之。纳兰与顾贞观互以青眼视之，把酒谈古论今，好不惬意潇洒，胸中丘壑皆在杯酒之中。"君不见，月如水"，外面月光如流水般倾泻一地，朦朦胧胧地照进屋内，但是把酒言欢的两位好友丝毫没有意识到夜已深，露已重，仍还是欲说不欲休。有道是：酒逢知己千杯少，话不投机半句多。此时此刻，便再也不用顾忌侯门与寒门的差距，相府公子也只是一个"狂生"而已，顾贞观更是一位不可多得的文士，二人"把酒话桑麻"，何论他人说短道长。

屈原曾在《离骚》中感叹:“众女嫉余之蛾眉兮，谣诼谓余以善淫”，忠臣之言被诬为荒淫之语，真可谓是古今同忌憾事；而诚心相交的朋友若被诬陷为是贪恋对方的权势，也只能说是最悲哀的事情。但是可喜可贺的是二人都秉持“交友之道，贵在交心”之言，纳兰不高傲，顾贞观不谄媚，真可谓是君子之交。

仅凭此阕词，恐怕难以详尽道出二人相交之深，但是我们可以从零星单薄的字里行间读懂二人情谊。如果纳兰容若是一株长在深谷中的幽兰，清冷中透着脆弱；那顾贞观就是独居于深谷之中的隐士，低着头读懂他的孤单与渴望。

与顾贞观在一起的时候，纳兰容若更多的是显露出性格中桀骜不驯的地方，不再是人前温润如玉的公子形象，而是一个激扬文字的青年。他慷慨笑骂浑浊世道，如左思所言“市胄蹑高位，英俊沉下僚”，尽管此种形式是“地势使之然，由来非一朝”的朝政现实造成的，但是仍然阻挡不住他“粪土万户侯”。他把自己和顾贞观与黄庭坚、秦观相比，自比为仕途失意之人，甘心落魄。在顾贞观眼中，他不再是一个站在纳兰明珠的光环之下的相府公子，而是一个小自己一半，却很有想法的才子。

纳兰容若更是对顾贞观推心置腹，他的第一个词集，刚开始取名晏几道《清平乐》中“侧帽风前花满路”之句，名为《侧帽词》。后来因为倾慕顾贞观的才学与人品，将自己的词作交给他辑集，此举即可看出纳兰对其的信任何其深矣。而顾贞观也果然不负所托，不但为容若细心勘集，而且又引道明禅师答卢行者“如鱼饮水冷暖自知”一语，为其定名为《饮水词》。我想，这种亦师亦友的相交，正是容若所希望的吧。当然这些都是后话罢了。

酒喝至一半，纳兰容若诗兴大发，抬头仰望四壁，正见一幅《侧帽投壶图》，即兴泼墨挥毫，成就了这首《金缕曲·赠梁汾》。而顾贞观也被其感染，在其词后记：“岁丙辰，容若年二十有二，乃一见即恨识余之晚，阅数日，填此曲为余题照。”此中相见恨晚之意可谓溢于言表啊。时人有言：“嗟乎！今之人，总角之友，长大忘之。贫贱之友，富贵忘之。相勖以道义，而相失以世情，相怜以文章，而相妒以功利。”纳兰与顾贞观之交可谓俞伯牙与钟子期相识一样，一片赤诚。

然而整首词中，我最喜欢的却是最后一句“一日心期千劫在，后身缘、恐结他生里”。人生如梦，浮生又命数难定，今日与你携手共渡难关之人，并不一定是你漫长的人生旅途中永远的伴侣。总是有人会为了金钱，为了权势，甚或为了名利抛弃曾经的朋友。所谓天下熙熙皆为利来，天下攘攘皆为利往，我们生来就是唯利是图的商人。可是纳兰性德竟然可以豪气干云许顾贞观以未来，若此生缘短，愿与君再结来世兄弟。

几年之后，顾贞观为营救流放宁古塔的好友吴兆骞苦恼不已，纳兰容若看过他写给吴兆骞的两阕《金缕曲》，声泪俱下，终是与顾贞观一起救回了被流放的朋友，那两首词也被后世戏称为“赎命词”。对于纳兰这种“不辞冰雪为卿热”的慷慨之举，可以这样总结：我是你兄弟，不是说说而已。

是年，纳兰二十七岁，而顾贞观四十五岁，属于两人的劫难还远远没有结束……

莫被寒云，遮断君行处

蝶恋花·散花楼送客

城上清笳城下杵。
秋尽离人，此际心偏苦。
刀尺又催天又暮。
一声吹冷蒹葭浦。

把酒留君君不住。
莫被寒云，遮断君行处。
行宿黄茅山店路。
夕阳村社迎神鼓。

散花楼，这个名字颇有几分风尘的感觉。细细想来，“花”“翠”“红”这些带色彩的字眼，总是与青楼有着剪不断、理还乱的千丝万缕的联系。时至今日，我们已无从去考证这座“散花楼”到底是不是一个青楼的名字，我倒宁愿相信，它是如阳关一样的送别之所。我们所能知道的，就是纳兰性德在散花楼送别了昔日的好友——张见阳。

“人生无根蒂，飘如陌上尘。分散逐风转，此已非常身。落地为兄弟，何必骨肉亲。得欢当作乐，斗酒聚比邻”，这是陶渊明曾发出的感慨，在那个混乱的时代，每个人都把今天当作生命的最后一天尽情地去狂欢，说是魏晋风流，倒不如说是魏晋的逃避与无奈。陶渊明似乎是早已看透了这一点，因而对待生命、亲人、友人都抱着一种豁达的态度，“落地为兄弟，何必骨肉亲”，这是多么豁达的交友观啊！

而历史总是有着惊人的相似，一千多年后的纳兰性德竟然和陶渊明进行了一场隔空对话，人生本就苦短，若是再拘泥于血缘的关系、时空关系而盲目地分别亲与疏，那该是何等的无趣啊！

在《饮水词》中我们可以看到纳兰性德写了大量的友情词，似乎可以与大家所熟悉的爱情词相媲美。那样一个贵公子却不惜身份的差距广交朋友，这等眼光与气度放眼京城贵胄，又有几人能及？于是在纳兰性德死后的祭文中，好友梁佩兰曾感叹："黄金如土，唯义是赴。见才必怜，见贤必慕。生平至性，固结与君亲，举以待人，无事不真。"也许正是纳兰性德以这种真诚的赤子之心去广交朋友，别人也不舍得有所欺瞒，纵是一颗又冷又臭的石头，估计也会被焐热吧？

而张见阳就是纳兰性德广大的朋友圈中的一员，并且还与纳兰性德结为异姓兄弟，可谓是最知心的故交吧。

这位张见阳也并不是平凡之人，其祖父张自德也是一位仕宦之人，算是正白旗包衣之人，曾任贵州道御史、太仆寺少卿、河南陕西巡抚等职，为官"实心任事"，赢得商、民的交口称颂。而纳兰性德对其祖父也早有耳闻，只是苦于未曾谋面。在《饮水诗词集》中曾有两首七绝是写给张自德的《敬题员工张大中丞遗照》，其中有一句是"今日拜瞻温克甚，悬知宿好但知书"，可谓是久闻不如一见啊，虽然只是遗照。而张见阳自然也是不输于其祖父的风采的，英气中带有几分儒雅，容若应该是偏爱这种气度之人的吧。

张见阳不仅是纳兰性德的朋友，还是曹寅的朋友，又一次印证了那一句话：物以类聚，人以群分。曹寅、纳兰性德，这都是后世人耳熟能详的清朝公子，一个个都是朗月清风的男儿。

张见阳曾有一所宅子叫作西山别业，又名见阳山庄，坐落于北京西山潭柘、戒台附近，这不仅是一座私人宅子，也是当时张见阳与众友人的集会之地。纳兰是热情好客的，而张见阳则是性情偏冷之人，因此纳兰总是劝说张见阳要广交朋友，一个小小的见阳山庄便成为文人公子的雅集之地。随着众人的唱和与应酬，昔日冷冷清清的见阳山庄逐渐闻名于京城。而张见阳也因此引来了更多来自于朝堂的目光。

康熙十八年，属于张见阳的机会与挑战披着神秘的面纱缓缓地走来，他将被派往江华任县令。为何会说也是挑战呢？因为江华刚被收复不久，可谓是人心攒动，四野不平，这不仅是给予他的一个机遇，更是给予他的一个挑战，也许就此葬身于江华也不是不可能之事。而纳兰在听闻好友将去赴任的消息之后，也是顿生冰火两重天之感，正好又赶上碧云天，黄叶地的秋季，这种万物萧索之景，更是为即将到来的分别增添了几分忧愁。散花楼上的觥筹交错，掩盖不了离别的惆怅；歌女们清丽的歌喉与柔软的舞姿，磨灭不了心中建功立业的雄心；彼时还在温柔乡中闲话离别的好友，此时已站在屹立百年不倒的城楼之上。

胡笳，一种颇有古典韵味的乐器，流行于内蒙古地区。胡笳这个名字，第一次出现，见于蔡文姬的《胡笳十八拍》。这种颇有西域风情的乐器，一旦出现在诗词中，不仅代表着边塞，还代表着离别。

砧杵，本是捣衣的棒槌。唐代李白就有诗“长安一片月，万户捣衣声”。北宋的苏轼有诗“短日送寒砧杵急，冷官无事屋庐深”。元朝的商衢有诗曰：“愁闻砧杵敲，倦听宾鸿叫。”而纳兰容若笔下“砧杵”却另有一番情景：男人们的思念飘浮在妻子的忙碌的夜空中，借着一阵阵的捣衣之声，舔着孤独的伤口。这样令人心碎的思念之景，却是纳兰性德自己的想象，因为他是皇帝的贴身侍卫，很难看到这种悲凉的边塞之景。

江湖与边塞一直是纳兰心中遥不可及的梦，而张见阳的远行，似乎重新叫醒了他的这个梦和他尘封的心。他真想随着张见阳去看一看远离朝廷的山山水水。曾经，纳兰想过：到底山的那一边是什么？有人告诉他：山的那边还是山；有的人告诉他：山的那边是江湖；有人告诉他：山的那边是自由……于是，山的那边在容若的心中就带有了一种神秘的色彩，而如今自己的朋友正在一步步接近那片神秘之地。

“刀尺又催天又暮。一声吹冷蒹葭浦”，纳兰似乎又想起了昔年的出使之景。远方的天色如黑云浓雾般一点点地压近，而凄凉婉转的胡笳声更是撞击着离别的心扉，在这个蒹葭浦上，没有令人浮想联翩、思之如狂的伊人，却有即将各自天涯的旧友，这种不舍恍如杜鹃血啼，不如归去，不如归去。“昔时人已去，今日水犹寒”，远行的人似乎总是比送别的人要潇洒一些。

琵琶美酒夜光杯，在青翠欲滴的琥珀杯里面装着清香可人的美酒，透过这种澄澈的液体，离人似乎可以窥见在自己眼中逡巡的眼泪，男儿有泪总是不轻弹的。那种“无为在歧路，儿女共沾巾”的场面，估计对于纳兰容若和张见阳来说都是不屑为之的，他们向往的应该是“莫愁前路无知己，天下谁人不识君”的豪情。酒仍在小厮所捧的托盘之上停留着，可是纳兰性德却不舍得端起轻如羽翼的酒杯，此刻才明白“举轻若重”是一种多么痛的折磨啊！

“把酒留君君不住”，这样的离别场景在《西厢记》中也有，崔莺莺十里长亭送张生的那一时，也是“碧云天，黄叶地，西风紧，北雁南飞”

的季节，崔莺莺唱道：“恨相见得迟，怨归去得疾”。大凡天下送别之人，都有这样的心情。只不过崔莺莺对张生的殷殷嘱托，却是一句“但得一个并头莲，煞强如状元及第”，这并头莲的比喻多少掺杂了世俗的期盼，偏偏随后被那及第的抛之脑后。如今，纳兰虽不怕张见阳他日富贵相忘，但也知道此一别，不知归期。两个铁骨铮铮的硬汉，竟也这般不忍离别，正如江淹在《别赋》中所言的：“黯然销魂者，唯别而已矣！”

张见阳抬头饮尽杯中之酒，不忍再诉离肠，转头策马而去。真的是悲欢聚散一杯酒，南北东西万里程！望着那慢慢消失在被金黄色枫叶铺就的道路上的身影，纳兰容若不禁喃喃道：“原来所谓的‘峰回路转不见君，雪上空留马行处’就是这样的场景啊，不知岑参当年的心情是否如冰雪一样寒冷啊！”纳兰容若在小厮的催促下慢慢地回转精神，准备策马而回，但是转身之际却看到了前方的一幕，眼眶不由得潮润了起来。

驿站旁边的农舍中升起了袅袅炊烟，佝偻着背的老婆婆站在破旧的茅屋前等待着劳作了一天归家的亲人的身影。在黄昏的余晖中，身材瘦削却依然健硕的老爷爷和略显疲惫但喜上眉梢的青年扛着锄头踏月而归。老奶奶布满皱纹的脸立刻四散开来，青年快速跑过去搀扶着年迈的母亲，老人也缓缓地跟随着走进屋里面。隔着几十步的距离，纳兰容若似乎闻到了米饭的香味……

这只是寻常人家日复一日的正常生活，可是在纳兰眼中这一幕却犹如水中月、镜中花一样地遥不可及。身为相府公子的他，似乎生来就带有某种光环，令人望而却步，也令他自己十分沮丧。父亲的苦心经营，母亲姨娘们的钩心斗角，兄弟间的尔虞我诈，使纳兰更觉得人世凉薄，所以才更加看重这个异姓兄弟张见阳。如今连他都要离自己而远去，而且是去万千种意外都可以突发的江华，他怎能不为自己的朋友而担心呢？

杜鹃又一声声地在哭啼，不知道张见阳是否已经落脚于路边的茅舍，寒雾骤起，这条归路终究只迎来一人……

遥知独听灯前雨，转忆同看雪后山

于中好

送梁汾南还，为题小影

握手西风泪不干，年来多在别离间。
遥知独听灯前雨，转忆同看雪后山。
凭寄语，劝加餐，桂花时节约重还。
分明小像沉香缕，一片伤心欲画难。

“于中好”，这个词牌名很多人都较为陌生，但是一提到“鹧鸪天”，大家都很熟悉。“鹧鸪天”这个词牌名又有两个别名，一个是“思佳客”，一个是“于中好”。“鹧鸪”这个意象总是容易勾起人们内心的某种联想，比如让人想起虽被放逐但依然心系朝廷的三闾大夫，或者远在天涯边古道之上在西风中慢行的瘦马上的断肠人，或是“此情无计可消除，才下眉头，却上心头”的闺中思妇。而“思佳客”三个字更是把这种送别之意表达得淋漓尽致。友人还未消失在自己的视线之中，思念却随着布满尘土的道路蔓延。

我向来是不善于发掘男子之间送别的心情的，潜意识里面一直认为志在四方的好男儿是不屑于去做那些“无为在歧路，儿女共沾巾”的小儿女之态的，总觉得他们都有“莫愁前路无知己，天下谁人不识君”的洒脱不羁。但是随着对唐诗宋词理解的逐渐加深，发现豪迈虽然是一种情怀，但是婉约更是一种天性。每一个人都生来孤独，每天走在车水马龙的大街上，精神褴褛却又毫无倦意，徘徊着、寻找着虚空的欢愉，较量着、抗争着那无常的命运。但却常常被命运之神无情地嘲笑。因此，送别之词，不管是豪情万丈地挥手而去，还是你侬我侬的伤情不舍，它们都只是，离别的一种。

纳兰容若的友情词，在很多人看来，实在是太过于忧郁与阴柔，似乎像是为自己喜欢的女子所作，但是友情词却在《饮水词》中占有很大比重的，我们都知道纳兰是多情之人，他的“情”多发于父母家人的无私呵护、朋友的真情相待，遂使他原本悲沉的宿命，逐渐发热，成就了一方有阳光的世间。

纳兰容若和顾贞观的相识可以说相见恨晚，虽然相识那一年纳兰才二十七岁，而顾贞观已经四十五岁了，可是这十八年的差距并没有阻挡两颗赤子之心的惺惺相惜。当时，纳兰容若是康熙皇帝的侍卫之臣，随扈出行是再正常不过的事情，而顾贞观居虽然住在纳兰府之中，但与纳兰“把酒话桑麻”的日子并不是很多。因此，纳兰容若才会发出“握手西风泪不干，年来多在离别间”的感慨。

康熙二十年，顾贞观远在南方的母亲因病驾鹤西归，而顾贞观作为孝子，又是朝廷的官员，理所当然地应该遵守国家制定的“丁忧”制度——母丧应归乡守丧三年以表其孝心。因此，顾贞观不得不拜别纳兰容若而回到故乡——无锡。而这个离去的时节正好又是秋季。

“遥知独听灯前雨，转忆同看雪后山。”这一句大概是纳兰容若词里面为数不多的颇有豪放之气的词句，这句话也曾被后来借去描绘一幅幅美丽的图景。“遥知”是还未离别，便已经想到了在细雨霖铃的季节，顾贞观独自一人静静地对着孤灯看一本本泛黄的诗集，而窗外唯有时断时有的雨声划过，恬静却也凄凉！“转忆”则是由此忆及了以前的一段美好的日子。

他们曾策马去过极北之地，千里冰封，万里雪飘，连阳光都畏惧地躲开，只有他们两个人毅然前行，虽然不知道该走向何处，但是似乎也丝毫不甘心就此停下。风雪漫天而下，世界冰寒彻骨，漆黑中，他们迷失了方向，唯一知道的就是不能停，停下就会面对残忍的死亡。正当他们觉得漆黑永远无边无际，路走不到尽头的时候，他们看到了一点光闪烁在雪中。那是冰雪中猎人的藏身之地，他们俩相视大笑，因为彼此都明白刚刚确实是在鬼门关中走了一遭。他们坐在猎人的旁边，就着红红的篝火吃着烤肉，顾贞观兴起一句："风雪连天射冰狐，篝火熊熊喝美酒。"而纳兰性德的嘴里也塞着狐狸肉，一边不停地嚼，一边嘟囔着："我姓纳兰，他姓顾。"猎人只是淡漠地笑了笑，继续烤肉，纳兰容若和顾贞观对视一眼，虽然奇怪于猎人在听到"纳兰"二字的淡然，但他随即释然：在这个冰封雪地里，任何的身份与地位都是最虚假的头衔，只有喝在肚子里面的酒以及吃在嘴里的肉才是真的。

纳兰平常不胜酒力，顾贞观有些担心。纳兰摇头举杯，说："你放心，我从未醉过，因为要倔强地醒着看人生的悲欢，不然会错过一回回无邪的诀别。"顾贞观不再多言，他知道，纳兰有一颗纯粹如雪的心，无人可以污秽它、袭击它，只有那位等待他的人有能力在瞬间摧毁它，酒不可能。

随后，两人一起欣赏了雪后的群山，那绵延的雄伟震慑两人的心魄。回来的路上，纳兰纵声大笑，两坨颧骨耸动，咧个大嘴笑得地动山摇，顾贞观却聆听着，偶尔配几句惊人之语助兴。那段路，多么美好。他不像皇亲贵胄，他不像寄居的门客，两人倒像是无用武之地的流浪汉半途凑合了，一起在白雪皑皑的荒野安身扎寨，颇有几分绿林侠盗的味儿。漫天的暴风雪成就了他们的一场豪游。

“凭寄语，劝加餐，桂花时节约重还”，纳兰容若真的是一个非同寻常之人，前一句的思绪还停留在“篝火熊熊喝美酒”的冰天雪地里面，下一句则像一个妻子一样告诫顾贞观要加餐饭，真的是一个奇男子，既可以上马游天下，也可以下马慰友人。

“桂花时节约重还”，这一句和孟浩然《过故人庄》里面的诗句“开轩面场圃，把酒话桑麻。待到重阳日，还来就菊花”有些相似。后一句本是孟浩然这位颇有田园情怀的诗人对朋友许下的承诺。对于生活在钟鸣鼎食之家的纳兰容若来说，孟浩然的那种淡然他神往已久了，用词句表达了他对再次相见之日的期待。

自从上次雪后一别，纳兰和顾贞观各回各的沼泽，音信也断了。他们俩都不是“无语凝噎”的那种人，挥手道别，常有生死随他的霸气，不想跟这俗世拖泥带水。顾贞观走了，纳兰拍一拍身上的尘土，继续低头过日子。

顾贞观对朋友十分重情义，常秉着热情坦荡、赴汤蹈火的精神待人。在他身上看不到官场上那套虚与委蛇和锱铢必较。纳兰从未看到他嘲笑、讥讽任何人。他的生活并不宽裕，除了俸禄几乎没有别的收入。可他竟然周济比自己生活更清苦的人。这也是纳兰结交他的一个原因。

【一一七】

如今好友们各自散去，情感变淡变薄甚至变质乃自然之事，因为时光也在变老。能维持十年，仍有青春香味的情谊实属难得。令纳兰禁不住想象。这份友情大概被藏在大树浓荫的鸟巢里，才会躲过世态炎凉吧。

浮在记忆与以往边缘的，总是琐事。

纳兰，顾贞观，以及所有的人都趴在时间的脊背上往前赶路，也不知是不是一路颠颠荡荡把人晃得晕了，尝过的故事，翻来覆去，就那么几个味儿，把人弄腻了。人到了某个年纪，某个点，特别喜欢偷偷回头，想几绺细节，连小事都够不上，只是细得不得了的一种感觉。

譬如，有一个黄昏，一个平凡得无话可说的黄昏。日头像一只鸟，静静地穿过杂木树林，向西移动，余晖薄薄地落着。偶尔有几片阔叶倏地闪亮，光，像一群小贼，四处跳跃。纳兰借着这光，铺开了画纸，闭眼，回想着那一个个梦境：有一条白色的路向前蜿蜒，看起来像狂雪之夜的白色银蟒，散发着一种高贵的冷；路的末端矗立半幢倾圮的小屋，久经飞沙傲雪的袭击，外墙斑驳，然而有一扇不容易辨识的窗户，隐约露出微弱的光。

其实，纳兰不仅善词，而且也精于画。在他的诸多词中，都有思而画的故事。这次，他画的不是儿女情长，不是地久天长，而是他和顾贞观的那次雪海的浪游，画千山绵绵，画万树皑皑，画烟波里的沉香楼。真可谓词中的“分明小像沉香缕，一片伤心欲画难”。

这又是一种多么细腻的心伤啊，即使是一个女人，也难以有如此虔诚的心思。“小像”二字，足以看出纳兰性德对于顾贞观的良苦用心。画面上，大雪纷飞，四野孤寂，有两个人，像两粒红豆，嵌在画中，火一样炽热，又像是一双洞悉世事的双眼，将这世间所有的情谊看透。

脉脉此情谁得识，又道故人去。唯有此刻细数落话，静听西廊的老鸦絮絮叨叨话桑麻。

还好，顾贞观走的时候，留下一把钥匙，说万一纳兰月迷津渡，可以开启他在纳兰府的小屋。屋内所有的东西已经落尘，找不到一样东西，可以拭去纳兰心中的孤独。

羡杀软红尘里客，一味醉生梦死

金缕曲·简梁汾

洒尽无端泪，莫因他、琼楼寂寞，误来人世。
信道痴儿多厚福，谁遣偏生明慧。
莫更著、浮名相累。
仕宦何妨如断梗，只那将、声影供群吠。
天欲问，且休矣。

情深我自判憔悴。
转丁宁、香怜易爇，玉怜轻碎。
羡杀软红尘里客，一味醉生梦死。
歌与哭、任猜何意。
绝塞生还吴季子，算眼前、此外皆闲事。
知我者，梁汾耳。

昔者汤显祖在《牡丹亭》中曾言：“情不知何起，一往而深。生者可以死，死可以生。生而不可与死，死而不可复生者，皆非情之至也”，这曾被汤显祖奉为写作圭臬的“至情论”，也是其生活准则。人常说文如其人，也常说知人论世，大概就是这个道理吧。不过《牡丹亭》里面描绘的这种“情”确指的是爱情，显然不够大气。因为，世间的“情”真是“分”情万种，有男女之间的爱情，有父母兄弟之间的亲情，还有一种没有亲缘关系却能互相扶持的友情。

凡是美好的感情，都是值得人尊重和维护。有人为《红楼梦》中木石前盟的悲剧而潸然泪下，也有人为《水浒传》中梁山好汉的不幸遭遇而率性大骂，更有人为《西游记》孙行者师兄弟患难的友情而拍案叫绝，这些举止都不过是情法自然的本性罢了。今人如此，几百年前的纳兰公子，一个自诩为“人间惆怅客”的多情人，更是逃不过情缘的煎熬。

康熙十五年，纳兰性德初识顾贞观，相谈不久便有相见恨晚之意，当即作词一首送与顾贞观，其中便有一句话令人不忍卒读：“一日心期千劫在，后身缘，恐结他生里。然诺重，君须记。”猛地一看，似是相见示好的肤浅之语，可是通读全词后，才发现原来是一句掷地有声的君子之诺。古人云：“得黄金百两，不如得季布一诺”，如果说谦谦君子季布的承诺胜过黄金百两，温润如玉的纳兰容若，他的承诺万金难买，真是正应了那句“我是你兄弟，真的不是说说而已”话。因为，患难之交值得生死与共。

在顾贞观初识纳兰容若的时候，顾贞观还处于人生的低谷时期，自己仕途不顺，还在为好友吴兆骞的命运而担忧。自顾不暇，还要考虑好友的生死，这是一件多么奢侈的事情，顾贞观不在乎。那么，吴兆骞是何许人也?

吴兆骞，江苏吴江人，从小就聪慧过人，也养成了狂放骄傲的个性。小时候，在私塾上学，他见桌上有同学除下来的帽子，常常拿来小便。被老师质问之后，他竟然给出了让人哭笑不得的理由:“与其放在俗人的头上，还不如拿来盛小便。”这种狂傲的语言真的不敢想象出自于一个孩子之口。老师曾预言说:“此子将来必有盛名，然当不免于祸”，终究是一语成谶。但是，此人个性虽有点不合时宜，但颇富才气，与陈其年、彭古晋合称“江左三凤凰”。

然而，天妒英才，此人顶得住惊天的才气，就必须顶得住泼天的灾难，而吴兆骞的获罪却是源于一场科举事件。

顺治丁酉年吴兆骞考取举人，因这场考试被人指责存在很大的弊端，因此皇帝下令考中的举人来京城进行再一次的考试。按照吴兆骞以往的学问和才气，这是轻而易举的事情。但是，上天却和他开了个玩笑，由于考场气氛太过紧张，他竟然没有把文章写完，最后不幸被判决充军宁古塔，从此踏上了去往流放之地的道路。

朋友总是在人最需要的时候出现的。顾贞观眼看吴兆骞受了无妄之灾，他怎能等闲观看，但是人微言轻，在京城毫无背景的他竟然找不到一个说话的朋友，别说是拯救朋友于囹圄之外。

其实，翻看历史，不少人会发现吴兆骞蒙受不白之冤，考场的失意只是引子，统治者对汉文化的抵触才是根源，错就在他生不逢时。当时，清军刚刚入关不久，一个如摇篮里的婴儿般的朝廷最怕人心思动，因此他们的屠刀就向着“穷且志坚”手无缚鸡之力的读书人举起。因为这些读书人自视清高，对于异族的统治难免不服。对汉族知识分子的迫害在某种程度上就是对汉文化的一种破坏。而江南正好是汉文化的繁盛之地，活跃在当时的江南才子们便成了这次活动的祭品。这只是统治者巩固江山的策略，至于在这种铁血手腕下的哀鸣与鲜血，他们根本不会考虑的。逐渐地识破了这一点的顾贞观，益发觉得营救无望。尽管夜夜“洒尽无端泪”，却终因“琼楼寂寞”、仕途不顺而无法完成诺言。

“信道痴儿多厚福，谁遣偏生明慧。莫更著、浮名相累。仕宦何妨如断梗，只那将、声影供群吠。天欲问，且休矣。”也许这个世界上最幸福的人莫过于是一个痴人了，外表看来于常人无异，只是喜怒哀乐完全发于本心，外界的一切痴嗔怨怒都与他无关，这是逃避一切烦恼的最好法门。可是顾贞观并不是一个痴儿，反而比一般人更加明慧，虽有浮名相累，但是却仍然无法救朋友于危难。犹记得当初送别之时吴伟业的《悲歌赠吴季子》之句：“人生千里与万里，黯然销魂别而已”，此刻抬首无故人，低眉添旧愁。桌案上放着吴兆骞自苦寒之地寄来的书信，虽不是烽火连三月里抵万金的家书，却也是开信泪千行啊。自己身在京城花柳繁华之地，可是朋友却置身于西北苦寒之地，一到大雪纷飞的时刻，顾贞观就会遥想西北的朋友该如何在苦寒中煎熬。

吴兆骞曾在一封信中写道："宁古寒苦天下所无，自春初到四月中旬，大风如雷鸣电击咫尺皆迷，五月至七月阴雨接连，八月中旬即下大雪，九月初河水尽冻。雪才到地即成坚冰，一望千里皆茫茫白雪"，一年十二个月他几乎有一半的时间都生活在冰天雪地之中。而自己虽然只是贵胄之家的西席，可是却足以温饱，两相对比，顾贞观终于挥毫而作两首词，曾被金庸戏称为"赎命词"：

季子平安否？便归来，平生万事，那堪回首！行路悠悠谁慰藉，母老家贫子幼。记不起，从前杯酒。魑魅搏人应见惯，总输他，覆雨翻云手，冰与雪，周旋久。

泪痕莫滴牛衣透，数天涯，依然骨肉，几家能够？比似红颜多命薄，更不如今还有。只绝塞，苦寒难受。廿载包胥承一诺，盼乌头马角终相救。置此札，君怀袖。(《金缕曲·季子平安否》)

我亦飘零久！十年来，深恩负尽，死生师友。宿昔齐名非忝窃，只看杜陵消瘦，曾不减，夜郎僝僽，薄命长辞知己别，问人生到此凄凉否？千万恨，为君剖。

兄生辛未吾丁丑，共些时，冰霜摧折，早衰蒲柳。诗赋从今须少作，留取心魄相守。但愿得，河清人寿！归日急翻行戍稿，把空名料理传身

后。言不尽，观顿首。(《金缕曲·我亦飘零久》)

不知道吴兆骞是否看到了顾贞观这两首字字读来皆是泪的词，但是纳兰容若却看到了，正是这首词给了吴兆骞回京的契机。

时至今日，虽然无从考证纳兰容若是从何处看到了这两首词，但是不难想象，纳兰与这两首词偶遇的画面：在一个风也萧萧，雨也潇潇，瘦尽灯花又一宵的夜晚，纳兰伏案苦读，偶然间看到被朋友抄录在纸笺上的两首词，读罢，不由得拍案而起，继而手持纸笺，在窗户边走来走去，真的是哭一遭，笑一遭，怒一遭，骂一遭。

等到窗外刚刚透过一丝曙光，一夜未睡的纳兰披衣前去寻访顾贞观，想要与他共评此词。纳兰异常的兴奋却遭遇了顾贞观的淡然，顾贞观只是苦笑一声：“这是为兄为排遣心中的郁闷而作罢了，好友身陷囹圄，备受折磨，我食君之禄却不能为君分忧，任凭可塑之才流落在外，怎能不悲从中来啊！”继而把自己与吴兆骞的往事细细说来，纳兰听完之后伏案深思，虽然他与吴兆骞并没有任何交情，但是君子最爱神交，只因性灵相通，更何况顾贞观是自己认定的朋友。

在纳兰性德的心中，这世间的兄弟之情有三种是自己羡慕的，一是李陵与苏武的《河梁生别诗》，一个是向秀怀念嵇康的《思旧赋》，另一个就是顾贞观写的这两首《金缕曲》了。“我亦飘零久！十年来，深恩负尽，死生师友。宿昔齐名非忝窃，只看杜陵消瘦，曾不减，夜郎僝僽，薄命长辞知己别，问人生到此凄凉否？千万恨，为君剖”。这是一种多么深切的自我忏悔啊，纳兰发誓："给我十年的时间，我定然会救吴兆骞脱离苦海。"君子一言，驷马难追，纳兰虽不以君子自称，但心中早已为这份承诺，定下了期限。

匆匆告别了朋友，纳兰开始策划挽救吴兆骞于危难的计划，思来想去，不得不求助于自己的父亲纳兰明珠。说来也真是讽刺，自己平时最讨厌父亲玩弄权术的把戏，但是此刻却还得依赖于父亲的"翻云覆雨"之手。通过纳兰明珠圆滑的手腕以及能使鬼推磨的金钱，吴兆骞终于五年之后从宁古塔归来。当时京城里的人争相传唱："金兰倘使无良友，关塞终当老健儿。"

"绝塞生还吴季子，算眼前、此外皆闲事。知我者，梁汾耳。"好一个义薄云天的纳兰公子，除去营救吴季子以外，其他的事情于他而言不过是闲事罢了。"知我者，梁汾耳"，那么对于梁汾而言，又何尝不是"知我者，容若耳"呢？

独卧藜床看北斗，背高城、玉笛吹成血

金缕曲·慰西溟

何事添凄咽？但由他、天公簸弄，莫教磨涅。
失意每多如意少，终古几人称屈。
须知道、福因才折。
独卧藜床看北斗，背高城、玉笛吹成血。
听谯鼓，二更彻。

丈夫未肯因人热，且乘闲、五湖料理，扁舟一叶。
泪似秋霖挥不尽，洒向野田黄蝶。
须不羡、承明班列，马迹车尘忙未了，任西风吹冷长安月。
又萧寺，花如雪。

“金缕曲”这个词牌名本卷的第一节做过分析，在此不再赘言。“慰西溟”中一个“慰”字，似乎让人看到了纳兰容若如女子般细腻的心思。朋友不仅可以在极北的朔风之中陪你燃起熊熊篝火、共饮美酒；也可以在千军万马之中为你踏月而来，血染战袍；朋友更是能够在你仕途失意的时候，自千里披星戴月而来听你乱弹一夜的琴。这种无声的安慰只需默默地站在朋友的身边，用你的行动告诉他：你一直都在。姜宸英能够结识纳兰容若这样的朋友，该是何等的幸运啊，得友如此，夫复何求啊！

“天将降大任于是人也，必先苦其心志，劳其筋骨”，而老天也给了姜西溟颇多磨难。姜西溟是一个热衷于政治的男儿，其实对于这一点我们大可不必妄加菲薄。因为凡是男儿，心中都多少藏着一个或大或小的“天下梦”。正如李贺所言：“男儿何不带吴钩，收取关山五十州”，男儿也许生来就是应该“带吴钩”的。而对于文士姜西溟而言，此生踏入政坛的唯一捷径就是在科举考试中拔得头筹。无奈上天总是爱和人开玩笑，当世人都以为自己足够努力的时候，所谓的努力到最后都只是感动了自己罢了。姜西溟屡试不第，又因母丧的噩耗，不得不带着满腔的遗憾告别京中诸友。而纳兰容若不仅出资助其返还家乡，还作了这首送别之词进行唱和，也许这就是纳兰公子的交友之道吧。

在“何事添凄咽？但由他、天公簸弄，莫教磨涅”一句中，“凄咽”二字不禁让人想到了杜鹃啼血的那一幕，屡试不第这种惨烈之事让一个七尺男儿凄咽不已。天公的拨弄与嘲笑，似乎都无法改变一位意气风发的男儿的报国之心。尽管前路坎坷，但是他依然要“仰天大笑出门去”，因为“我辈岂是蓬蒿人”。曾经鲜衣怒马的少年，已卧黄土陇中，曾经容颜如花的少女，已是枯骨一堆，那些恩恩怨怨的尔虞我诈，都变成了街角巷尾人们打发闲暇的故事，即使是跌宕起伏的传奇，在时光的流逝中，也会渐渐失去色彩，消泯于风中。但是曾经的赤子之心却永远流传下来，时间可以摧残他的身体，但是却磨灭不掉他坚强的意志。

“失意每多如意少，终古几人称屈。须知道、福因才折”，这一句道尽了多少英雄志短的落寞。世间最悲苦的事情莫过于上天给了人满腹的才华，却不给人一个施展才华的机会。就好像你自己曾经也是戏台上的一个角儿，但是由于得罪了权贵失去了登台的机会，只能静静地坐在看台之中，欣赏着其他演员所演出的“出将入相”与“才子佳人”的故事，抹去了浓墨重彩的妆容，你也分不清那是谁的霸王，这又是谁的虞姬。到底是英雄气短命丧乌江，还是生不逢时而天不假年？姜西溟应该就是这样一个颇有满腔抱负却无处施展的人吧。“福因才折”，我不知道这是不是所谓的一语成谶，虽然这是用来安慰姜西溟的话，但似乎也是对自己结局的定型，纳兰的一生只有短短的三十岁，这就是所谓的“过慧易折”吧。在我所接触到的文学作品人物当中，凡是敏感多思、才华横溢的人都逃不了早夭，《红楼梦》中的林黛玉、《三国演义》里面的周瑜。而现实生活中这样的例子也比比皆是，张国荣、萧红……也许他们的眼中能够看到我们见不到的生活中的黑暗之面，所以更容易伤神伤心吧。

第一次看到“独卧藜床”之语的时候，让人觉得这张用草茎编织的床到底是多么寒酸。可是纳兰容若却甘愿“独卧藜床看北斗”，这该是一种多么安贫乐道的胸怀啊！不知道纳兰容若是不是真的如此不汲汲于富贵，但是如此的洒脱不羁之语，定是符合姜西溟凄凉的心境的。生活在富足之乡的今人似乎很难设身处地去想象古人的气节，但是读到那一句“以天为盖地为庐”的句子，能就明白了“卧看牵牛织女星”的美妙之处。可是纳兰容若对于星星的描绘用的是“北斗”，这个“北斗”在古诗词之中经常用来代指朝廷，明白这一点，就领悟那句“处江湖之远则忧其君”的辛酸了。

响彻夜空的玉笛之上沾有点点血迹，在如水的月光之下闪烁着点点寒意，附和着更鼓声，细数着时光的流逝，所谓的杜鹃啼血也不过如此吧。

“丈夫未肯因人热”，这就是古代读书人的气节，宁愿在俗世里面摸爬滚打几个轮回，也不愿意接受嗟来之食。“且乘闲、五湖料理，扁舟一叶”，这一句让人联想到了春秋战国时代的范蠡，在协助勾践消灭吴国之后，他聪明地选择了功成身退，泛舟五湖之上，遨游于七十二峰之间，几次经商积累了巨大的财富，被当时的人称为“陶朱公”。也许，对于每一个汲汲于名利的人来说，内心应该都藏着一个泛舟江湖的归隐梦吧，只是在尚未功成名就的时候他们都不愿意回归平淡。

“泪似秋霖挥不尽，洒向野田黄蝶”，这一句值得玩味。“秋霖”理当滋润田地，这才是物尽其用，就如同宝剑酬知己一样，纵是也会黯然神伤，也只在知己面前落泪，难免被有心之人嘲笑。“须不羡、承明班列”，这虽然是一句安慰之言，但是能够做到不羡慕“承明班列”的又有几人呢？更何况连纳兰容若自己都还在宦海中浮沉。

纳兰在十九岁那一年因为寒疾而无法参加殿试就曾作诗以排遣自己心中的郁闷之情，其中“紫陌无游非隔面，玉阶有梦镇愁眉”一句，说明纳兰容若虽然对名利看淡，但对政治还是关心的。

“马迹车尘忙未了”，京城之中为了蝇营狗苟而策马奔腾的子弟依然“前仆后继”着，也许今天是西风压倒了东风，也许明天堂前燕落在了谢家，通向乾清宫的道路依然很宽广，皇帝依然威严地坐在龙椅之上，看着他的子民为了权力与财富匍匐在自己的脚下，望着远方飞扬的尘土，我们就会明白有人的地方就会有竞争，有竞争就会有牺牲，皇帝不会为了弱势而产生怜悯之心，因为人的心会在一次次的磨难中变得越来越硬。“任西风、吹冷长安月”，其实从另一种角度委婉地预示了姜西溟的前途并不如想象中那样顺畅。

“又萧寺，花如雪”，再次来到姜西溟在京都之时寄寓的萧寺，已经是又一次梨花开放的季节，只是“年年岁岁花相似，岁岁年年人不同”罢了……

匆匆刚欲话分携，香消梦冷

临江仙·寄严荪友

别后闲情何所寄，初莺早雁相思。
如今憔悴异当时。
飘零心事，残月落花知。
生小不知江上路，分明却到梁溪。
匆匆刚欲话分携。
香消梦冷，窗白一声鸡。

第一次看到“临江仙”这个词牌名是在《三国演义》之中看到的，至今仍记得杨慎的那首《临江仙·滚滚长江东逝水》。尤其是“一壶浊酒喜相逢。古今多少事，都付笑谈中”这一句，当时读来颇觉得相当快意恩仇、洒脱不羁，而“临江仙”这三个字又颇给人一种仙风道骨的感觉，因此，很多人喜欢将所有以“临江仙”为词牌名的词，都归于豪放词一类。但是只要了解中国古典文学历史的人，不难发现，其实词牌名和词的具体内容没有丝毫的联系。

从“寄严荪友”四个字可以看出来这似乎又是一首送别寄情之作，而送别的好友正是严绳孙，字荪友。每次翻看纳兰性德的《饮水词》，人们都会不自觉地对他的词进行归类，这是爱情词，这是悼亡词，这是友情词，这是边塞词……慢慢地竟然发现纳兰性德在他的词作之中为我们展示了一个“全方位、立体化”的自己，他再也不是一位冷冰冰的“躺在”课本上署名为《长相思》的作者，而是一个会临风伤怀、感物赋诗、策马扬鞭的相府公子。

纳兰性德是至情之人，无论是夫妻情、恋情，还是亲情、友情，无不表现出“痴情”二字。纳兰性德的交友范围是很广泛的，有大他许多岁的饱学之士，如顾贞观、严绳孙之类，还有与他年龄相仿的曹寅之类，但是在这些天南海北的朋友圈中我们可以发现这样一个现象：他的朋友常常是不容于尘世的江南汉族知识分子。尽管后人对于纳兰性德这一奇怪的交友行为颇有微词，认为纳兰性德是康熙的“间谍”，是康熙皇帝用来连接满汉两族的工具，但是大多数人对这一点持有保留与怀疑的态度。即使是康熙有心利用纳兰性德收拢汉族知识分子的人心，但是，不难推测，像纳兰性德那样高洁伟岸的温润公子，绝对是不屑于去做这些鸡鸣狗盗之事的。俗语说：“路遥知马力，日久见人心。”人和人之间的相处是相互的，而想要把这种感情维持下来的基础，却是在柴米油盐酱醋茶的小事以及天有不测风云的意料之外不离不弃的。就如同纳兰性德感怀于顾贞观的“金缕曲”，就可以仗义营救被流放在宁古塔素未谋面的吴兆骞一样。

正是纳兰性德以诚待人的热忱，才感化了那么一大批高傲的汉族知识分子，愿意与他结为朋友。但是不得不提出一点儿质疑：为什么那么多的汉族知识分子都愿意与纳兰性德结为朋友呢？首先决不能否认一点，纳兰性德的确具有极大的人格魅力。当然，不能抛开一点：大部分人一开始就愿意和纳兰性德结交，这和纳兰性德的政治身份——相府的公子有一定的关系。毕竟，结识纳兰性德，可以更进一步结识纳兰明珠，结识纳兰明珠，从而也就离仕途更进一步。因此，在纳兰性德所谓的“朋友圈”里面，应该并不缺少这样急功近利的人。

但是对于生活，我们总要做着最坏的打算去应对可能到来的风险，更要怀着积极的心态去相信这个世界处处有真情，而纳兰性德正是一个这样的人，所以在他去世之后，悼念他的情景可谓是十分壮观：哭之者皆出涕，为哀挽之词者数十百人，有平生未始谋面者。而严荪友则是纳兰性德真正的朋友。

严荪友和纳兰性德相识于康熙十二年，那一年纳兰性德年仅十九岁，而严荪友已经是年过半百之龄，这种将近三十岁的差距也阻挡不了二人惺惺相惜之情，如同《神雕侠侣》里面杨过和黄药师的忘年之交，那个时候郭靖是人人敬仰的侠之大者，可是却难入黄药师的法眼，倒是行动颇为放荡不羁的杨过独得东邪的喜爱。同样，严荪友能视纳兰性德为忘年交，肯定也是被纳兰的才情或人品所感化所致。翻阅史料，有这样的记载，严荪友对于纳兰性德的初次印象：“初，容若年甚少，于世事无所措意，既而论文之暇，间语天下事，无所归讳。比岁以来，究物之变态，辄卓然有所见于中。”二人相识之际，对于年仅十九岁而又方举礼部的纳兰性德而言，能够结识像严荪友这样的江南名士，对于其学问的进益是颇有帮助的。

二人相识不久，严荪友就因事南归，所以这次的相聚时间并不长久，但是二人定有“重来之约”。事了之后，严荪友再次返回京都，与纳兰性德谈天论地，可谓是书生意气，挥斥方遒。纳兰性德视严荪友如父如师又如友，严荪友对于纳兰性德也是颇有提携后辈之感的吧。

康熙二十四年，纳兰性德跟随康熙皇帝南巡回到京师之后，就突然染病。不过那时还没有病入膏肓。而严荪友又一次因事而请假南归，临去“入辞容若时，坐无余人，相与叙平生之聚散，究人事之终始，语有所及，怆然伤怀”。其实那个时候，纳兰性德似乎已经预料到自己的身子逐渐走下坡路，因此才有“可怜暮春候，病中别故人”之语。

“挥手自兹去，萧萧班马鸣”，送别的路上似乎觉得这条路还很长很长，但是一旦策马而去，思念就会随之蔓延，溢出心胸。“别后闲情何所寄，初莺早雁相思。如今憔悴异当时。飘零心事，残月落花知”，若不是自己很清楚这是一首送给友人的作品，很多人一定会把它当作一首相思之词来赏玩。“初莺”“早雁”，这些都是春季的意象，“初”与“早”两个定语更是让人感觉到春季的万物复苏与重新再来之意。本应是万物焕然一新的季节，纳兰性德却生出万种闲情，最最可悲的是这种闲情还无处可寄。“如今憔悴异当时”里的“憔悴”二字和前面的“初莺”与“早雁”形成了鲜明的对照，本应该是生机勃勃的季节纳兰性德却悲伤地发现生命的迹象正在渐渐地从自己身上消失，他似乎已经看到远方的死神在向自己遥遥地招手。

“飘零心事，残月落花知”二句，很容易让人联想到《红楼梦》中“埋香冢飞燕泣残红”那一回。“花谢花飞花满天，红消香断有谁怜”，林黛玉可以为花儿的凋落而无限伤怀，而纳兰自己也是一个惜花爱花之人，也许如果这个世间真的有一个林妹妹的话，或许，可以和纳兰性德成为知己。纳兰此刻逐渐枯死的心意也许只有正在凋零的落花才略知一二吧。

“生小不知江上路，分明却到梁溪”，这句话读来更是多了几分求而不得的心酸。纳兰性德声称自己从小就不认识到达江南的道路，但是最近做梦却总是梦到自己到了梁溪。此处的梁溪应该是严绳孙曾与纳兰性德提及的自己家乡的风物吧，对于那边江南水乡，纳兰性德定然是抱着一种“虽不能至，心向往之”的心态。印象中，纳兰性德总是一位意气风发的温润公子形象，虽然有的时候也会流露出来无限的伤感，但是他带给人的感觉总是积极向上的。可是此刻的躺在病床上的纳兰公子，却让人望而落泪，心系江南，却也只有在梦里神往。江南到底是怎样一片神圣的地方，能够让缠绕病榻的纳兰性德念念不忘呢？

白居易的《忆江南·江南好》写出了词人眼中和记忆里的江南："江南好，风景旧曾谙。日出江花红胜火，春来江水绿如蓝。能不忆江南？"对于生在北方的纳兰性德，小桥流水、白墙黑瓦、夕阳古道、鸟语花香的江南是个梦。他，只希望有朝一日，严绳孙能够风尘仆仆地踏着余晖从江南归来，为自己讲述江南的风土人情吧。

"匆匆刚欲话分携。香消梦冷，窗白一声鸡"，"香消"两个字，总是预示着生命的流逝。透着这伤心的句子，读者似乎可以看到纳兰性德顶着病弱的身子等待着好友的归来，因为他自己知道自己命不久矣了。等待中，时间过得分外的慢，慢得变成了一种煎熬。可是在这种煎熬之中，时间仍然在一点一点地流逝。东边的天空慢慢地透出一丝鱼肚白，天要亮了。也许一夜并不漫长，如果在幸福的梦中，只是一睁眼一闭眼。可如果是一夜痛苦地等待，却好似有千万年那么长，足以令沧海化桑田，让希望变绝望，而纳兰性德正是在这样的遗憾中走完了自己短暂的一生……

卷四

铁血饮马的边塞词

万里阴山万里沙，谁将绿鬓斗霜华

浣溪沙

万里阴山万里沙。
谁将绿鬓斗霜华。
年来强半在天涯。
魂梦不离金屈戍，画图亲展玉鸦叉。
生怜瘦减一分花。

壬戌二十八岁秋，纳兰与郎谈出使梭龙，目的是对那里的少数民族部落传达康熙的旨意。他们率几千人开拔，一路上不辞劳苦，日夜兼程，把出使的详细情况进行了秘密禀报，出色地完成了任务。

就在这梭龙之行短短的四个月时间，纳兰眼见塞外凄凉之景，有感于聚少离多的夫妻之情、郁郁不得志的政治抱负，发声于词，魂梦相系，将苍茫寂寥的塞外平添一份柔情辗转，读来更感人肺腑。

苍茫广阔的塞外，绵延不尽的群山此起彼伏，而于这无尽的山峦之中，又是无穷无尽一眼望不到头的漫漫黄沙——这是纳兰眼中最直观而又辽阔的塞外风景。他不似被这种苍茫辽阔之感激发壮志雄心或豪迈感的边塞诗人，如辛弃疾、高适等人，纳兰却是另一种情绪。少有人被壮阔天地激起渺小与无力感，纳兰却将这种情绪浓重渲染，广袤黄沙，绵延不断的群山，带给他的只有无尽的苦闷，以及与对遥远故乡与亲人的思念之情。

许是黄沙的颜色像极了凋零的色彩，这种黯淡的、毫无生机的气势，立即让敏感的纳兰感受到了一股年华易逝的悲愁。人生匆匆，华发岁月能有几何，有谁能抵抗得了无情年月的摧折，到头来两鬓斑白，暮色渐尽，也只有凭回忆来辨识曾经年少时亮丽的颜色。算来无人能够躲得过这年华老去的痕迹。

思及此，纳兰不禁一阵悲戚。年华短暂，更兼这韶华时光弹指而过，白驹过隙般眨眼不见踪迹，纵使现在尚是大好年华，却在这荒无人烟的塞外度过漫漫长夜。算来离家时日已长，这一年间，竟是在远离家园之地度过了大半时光，举目无亲，正是年华尽欢的时节，彻夜狂欢都不够来好好珍惜，却是独自一人噙着满嘴的黄沙，咽下无尽的苦涩西风，而来不及与心爱之人共享塞外的繁华。

念念不忘则必有回响。纳兰思家心切，竟然于一夜魂归故里。轻轻推开家门，重走回廊，纳兰之魂浑然不知如何已结束了羁旅生涯，只为回家的喜悦所动。一切都是熟悉的模样，门窗上的搭扣依然还是临走时见到的样子，而窗内那个日思夜想的人，也正是自己朝思暮想的样子，轻倚窗前，两手托腮，怔怔望着门的方向。纳兰迫不及待地想去拥抱，忽而梦醒，但妻子倚望的这幅画面却深深地印在了纳兰的脑海中。

梦中贪欢尚不能够，纳兰睁开眼，出了营帐，目之所及仍然还是那片荒芜与苍凉，地上，他的影子长长，这白天有无数的脚印熙攘的小路，被西北塞外的烈风也埋得毫无踪迹。头顶，旌旗猎猎作响，风一阵比一阵紧，混合着黄沙如缕如丝般迷人眼眸，只觉眼内干涩，继而口生苦麻、眼生津液，纳兰只得叹息一声。人都睡着了，营帐也疲倦了。他只听到自己的心跳，好像是漫漫黑夜的唯一的单音。今夜，虽然万籁俱寂，而他生命的海潮音，随着他的步伐澎湃着。

回想梦里妻子的眉眼，那依依期盼的眼光深深攫住了纳兰的心，让本就思家的他顿时愁闷翻涌、相思成河。纳兰实在忍受不住这思念的噬咬，只好展开一尺素宣，凭着丹青的色彩，工笔细描，描摹出内心中最渴盼的形象——笔尖游走，丹朱描唇，黛青画眉，重墨着发，轻笔写鬓，只是那依依的眼光，任是如何点画也传神不出。

待他吐尽心中相思块垒，一幅图画便也立现眼前，睹画思人，只能缓解目下相思之苦，只不知是他用笔的纤细还是梦里所见的样子，妻子竟如此瘦削单薄地立于画中，令人心生怜惜。在纳兰眼里，世上最美的美人也比不过温柔贤淑妻子的美，她如一朵惹人怜爱的白梅盛开在他心里，但如今，这“花儿”却瘦了，怎不让他心中疼痛！也许妻因思他过度“衣带渐宽”，殊不知纳兰亦为相思熬得骨瘦如柴。

再看画上的妻子，好像从河岸走来，行若止水；好像从山上下来，洁白如岩；又好像从烟波中走来，令人乍然一惊。“空山不见人，但闻人语响。”她的声音是那么特别，不像那些江南的女子说话，如麦芽糖，黏人一身；不像西北的女子，声音如雨，哗啦啦泼人一身；更不像东北的女子，说话如暴起之风，气呼呼地刮人一阵。听她说话，像是捡一颗石子。看着画上的她，仿佛那滚滚红尘已止，那腥风血雨已止，那翠微拂衣、女萝牵裳的所来之径亦止，都化成一句寄语：“愿彼此安好。”

家有爱妻不得相伴于侧，常伴君王左右出入塞北大漠，到头来却仍旧一无所成，岂不是白白蹉跎了这光阴。家中爱妻一定如他一般，为这相思所苦，因为纳兰常伴圣驾，家对他来说，就是旅居的驿店，匆匆数日的暂居，便又要启程远走他乡。在她的眼里，他去的地方，都叫天涯，那是一个遥远得魂梦都无法企及的地方，青鸟不到，相思无寄。还好，她不是一个哭哭啼啼挽留人的人，也不擅长用华丽的语言为他饯行，她只会默默地把思念埋在发间，让夜风吹拂，让细雨浸润，看着它们恣意抽长，直到衣带渐宽。然后，在日日等待的年华里，看它们重新纠缠。

那君王不过有他在侧聊慰心怀，并非器重委任要事与他，这小半生的光阴便只有噙着黄沙难言的苦涩，还不如与妻平淡度日，博得恩爱无双。纳兰最是艳羡平常夫妻，也深深为着无法常陪伴爱妻左右而愧疚，只能循着来时的方向，让魂儿快马加鞭，探望那个梦中的人，探望那片熟悉的家园。

纳兰的心在这万丈黄沙中走丢了，幸好还有魂梦还记着前路，记挂着远方的家人，于是便时时探望，魂归故里，以解哀愁。

铁马金戈，青冢黄昏路

蝶恋花·出塞

今古河山无定据。画角声中，
牧马频来去。
满目荒凉谁可语？
西风吹老丹枫树。

从来幽怨应无数。
铁马金戈，青冢黄昏路。
一往情深深几许？
深山夕照深秋雨。

古往今来，改朝换代之下的国土，今日你为王，他日我为主，正所谓“合久必分，分久必合”，在这广袤山河间，所谓的界限又是为谁而定的呢？纳兰放眼苍茫，既为壮阔山河而喜，又为流血、纷争不断的版图之争忧心不已，一时间，竟不知所主，思绪翻飞。

山河无定数，这本是古已有之的历史事实，李氏盛唐也曾为武氏天下，眨眼间又翻过了赵氏江山、流过蒙古族血液，而今虽姓爱新觉罗氏，孰知他日又变成了叶赫那拉氏的行权的垂帘。江河不以一己之力流动翻转，只能依着历史洪流顺势而行，这是当政者的大幸，却又是败者的大不幸。

纳兰的思绪从历史洪流中漂远又走近，嘶嘶的马鸣与笃笃的马蹄声将他从游离中唤醒，于是便开始注目着这眼前的世界。

随军同行，随军同止息，军营中总是肃穆庄严，等待着号角声响起，一声令下便有无数的战士横刀立马、奋勇厮杀，酣畅淋漓地进行着关乎家园存亡的战斗，无人敢大意，人人尽全力，以战死疆场为荣，以后退战败为耻。

纳兰日日眼见塞外营训之艰辛。无论酷暑寒冬，无论晴天雨雪，战士们总是有规律地坐卧行止，每日进行着惯常的训练。将帅威武，庄严肃穆，一声令下，战士们便或于马背操练拼杀，或于场地模拟杀敌，如此整齐划一，如此让人心生对于国家的自豪感与荣誉感。

边塞境地，常有牧民来往穿梭于军营与牧地之间，牧马频繁地在面前这片土地上走过，笃笃的马蹄声伴着号角声竟成了这塞外独有的音响。在他们牧马的脚下，并未有着明确的界限划分，他们是蛮夷或者汉人都不再重要，只要马儿肚饱膘肥，自己生存自在，便是全部的意义。于这些牧民，他们并未有明确的界限分割，而那声声不断的号角声于他们，只是惊扰了马儿进食的噪声而已。战争，对于这些马背上的民族而言，只是不停地从一个草场赶往另一个草场而已。

这儿毕竟是蛮荒的塞外之地，极目所见，满目荒芜，尤其是秋冬时节，万物凋零，总是不自觉就勾起了心中的那份愁思，但这愁绪又有谁可道呢？君王在侧不得语愁伤，塞外将士不可语思家衰亡，于是纳兰也只有将这一份由荒凉带起的愁绪深藏心中。

正是秋深时节，长年不断的西风此时吹得更加猛烈而无绝息，这风不知从何时刮起，刮过了宋唐，刮过了明时长城，而今又在他纳兰耳边嘶吼，吹得他满心的忧愁尽起。而这时，一株艳丽的丹枫树撞入眼中，火红的色彩在苍白的背景下愈发显得燃烧似火，如熊熊火焰燃烧，顿时将纳兰的目光锁住，也渐忘了被西风吹起的哀愁。

这丹枫树于这荒蛮的大地中是异样的存在，那鲜红的色泽似能燃烧起一个人心中的斗志；尤其经风一吹，愈加鲜红亮丽，西风愈烈，则色泽愈亮，心中的火焰也随之越涨越高。然而，盛极而衰，越是鲜红，越是离凋零不远。万物总会凋零，而这丹枫树却似不甘成枯黄而落，非要“燃烧”尽所有的热度，才肯恨恨落去。

纳兰料到那盛极而衰背后的凋零衰敝，不禁凄凄，想起自己一腔报国热血，总是无缘能得所用，便似那凋零的丹枫树般，含恨不甘却又终于掉落。而这境遇，这所处之地的因缘，使这位多情才子难免想起那一段故事，那一个人。

她还是宫女之时，因洁身自好不肯贿赂画师，致使画上形貌丑陋，无缘能伴得君王侧；一朝外敌入侵，她举身自荐，嫁入蛮荒塞外，一路琵琶幽怨，一路白雪皑皑；和亲换得朝堂数年安宁，而她却早为世人所忘，只留得青冢一座伴着塞外风寒依旧。纵使那君王为她怒杀了画师毛延寿，那又如何，只换得一时叹息与遗憾，而她也终化为一抔黄土，无复存在。

昭君应是对君王有情的，不然为何一路琵琶声声尽道幽怨，不然为何一路频频回首？只是那恋恋的情绪，在塞外苦寒之地，渐渐被连年不绝的西风吹皱了，也风干了。

纳兰一腔情绪，一腔爱国热忱，便如昭君对君王及故国的留恋爱慕，也唯有一幅画面中的情感能表达一二。

夕阳西下，寂静而空旷的大山深处，夕阳以柔和的光芒笼罩着深山，为深山镀上了一层淡黄的色彩；傍晚时分，谁料想竟淅淅沥沥下起了秋雨，细微的声响回彻在群山之中，而阳光竟也温柔地包裹着秋雨，丝丝雨丝上既有夕阳光芒暖色调的影子，又有银光闪现的影子，两相交融，竟不知是该哀愁，还是该欢喜。这忧愁哀而不伤，这喜悦暖而带寒，倒叫人心中胶着不下，不知作何滋味。

是啊，纳兰一腔报国的心也曾“情深如许”，也曾为了能够纵横沙场而热烈，但他总是作为一个高贵的配角与这一切两不相干，于是难免心中有遗恨，有志不能伸的愁苦。然而，历史更迭，朝代更替，无论哪一个王朝最终都免不了衰亡的命运，纵使赢得马上天下，一将功成，也不过是短暂的荣耀，最终仍免不了“青冢黄昏路”的宿命，何况这“一将功成万骨枯”，战争便会带来流血与杀戮，带给百姓数不尽的痛苦忧伤，这于纳兰而言，又是最不愿意看到的场景。

千年前，不管是“金戈铁马，气吞万里如虎”的英雄呐喊，还是“出师未捷身先死，长使英雄泪满襟”的谋士长叹；不管是“一去紫台连朔漠，独留青冢向黄昏”的佳人宿命，还是“千载琵琶作胡语，分明怨恨曲中论”的哀伤之变，都笼罩在这一往深情之中。

纳兰也不例外。

他那纵横沙场报国的志向与这不愿看到战争流血伤亡的愿望便起了冲撞，犹如黄昏时节的雨，暖调而实寒，这样胶着着，无休无止，也让他“一往情深”。

试倩玉箫声，唤千古、英雄梦醒

太常引

西风乍起峭寒生，惊雁避移营。
千里暮云平，休回首、长亭短亭。
无穷山色，无边往事，一例冷清清。
试倩玉箫声，唤千古、英雄梦醒。

纳兰词读来总是清瘦，不知这白衣少年究竟是经历了怎样的哀愁，不管一阕半阕是怎样的惊喜和饱满，末了总是带着无尽的寂寞和荒凉，令人不忍卒读。

西风总是纳兰词里避不开的一个意象，许是西风乍起声声嘶鸣唤起了离家人的思乡情绪，许是飞沙走石的昏黄苦涩激起了喉咙的干涩，许是秋风带寒让衣裳单薄的他心上发颤，总之，只要西风一起，纳兰的情绪便如开了闸的洪流一般倾泻而出，一发难以收拾。

塞外对于纳兰，总是格外难熬一些。他没有高适、岑参等人的豁达开朗，没有“海内存知己，天涯若比邻”的乐观心态，塞外对于他们，是放马驰骋的广阔天地，是放眼天下的绝佳窗口，但对于纳兰来说，越是广阔的天地，越有无尽的荒凉和寂寞萦绕心怀，一种天地悠悠而我无尽渺小与寂寞的情绪便涌上心头。

但他还是一如既往习惯于登高远望，啜饮历史带来的老酒，于昏暗戈壁中自醉。

这一天，纳兰黯然垂首立于塞上深秋的暮色里，凝神远望，并不曾预知那风起的方向，却忽而被一阵从西而起的寒风吹到顿生寒意，仿佛立于峭壁一崖，山下是滚滚流水带着碰撞作响的冰凌，山上是无尽的山风呼啸，这种突然而至的寒冷让猝不及防的纳兰打了一个激灵，将他从漫无目的的神游中唤醒，进而注目眼前的这个世界。

正是秋深时节，将士们虽身着铠甲，仍然被这塞外的天气冻到发抖，只好借着一遍一遍的操练暖身。声声呐喊的号子，阵阵扬起的灰尘，在空旷的戈壁荒漠之中显得异常宏大和响亮，竟都惊扰到了南去的归雁，一声声焦急的鸣啭后，原本整齐划一的队列霎时间凌乱不堪，都远远绕开了这座闹腾的军营。唯留一抹愁绪，依旧蹀躞在人滚烫的心弦上。

纳兰盯着远去的大雁，思绪顿时翻飞，想它们南来北往度过了无数个寒暑，转瞬间人世的数年，便就消逝而去。而人生，又有多少个寒暑呢？再看时，大雁飞过，只剩下悠悠白云铺展在天际，丝毫也看不出刚刚雁过的痕迹。

雁过无痕，纳兰怔怔地望着天边的云，看着那如白布般铺展开来的层层云朵，一直延伸至看不见界限的边际，依着西风吹过的方向毫无缝隙地铺排开来，而在这白色天幕的背景下，纳兰望着五里一短亭、十里一长亭的驿站，想起了这小半生戎马奔波的生涯，每日里携着满目的伤痛，战战兢兢，如履薄冰地栖身官场，当难消的悲苦，淡漠了所有的欲望，尔虞我诈的纷争中，他根本救赎不了真实的自己，凄迷红尘，始终在隔阻着他那闲云野鹤的眸光。

这小半生，马蹄下的沙石似乎一直不曾停止歇息，马蹄声声，踩动着心跳的鼓点，跫音阵阵，将颠沛的生涯化为一首首诗行，但那风霜与波折下的孤苦凄凉，却是无人能解。

暮云千里，怎忍回望？绵绵延延无数的长亭短亭，又深掩了几多缘深缘浅聚聚散散的伤？

长亭，短亭。纳兰一路颠簸，走过了短亭，睡过了长亭，在短亭上曾留下他沉重的叹息，在长亭里曾留下过他温热的体温。这数不尽颠簸的日日夜夜，也只有在长亭短亭的驿站才能歇息停留片刻，但都不过是歇脚的临时停靠站，住进去的那一刻，已经昭示了离别的脚步匆匆。

所以纳兰面对着远处只能依稀辨认的长亭短亭，心中涌上的，是一份难以言说的厌倦与无奈。山色无尽，黯然垂首于塞上深秋的暮色里，纳兰无法预知风起的方向，当一团料峭的深寒，在舌尖上蠕动，掌心的纹路，竟在凝眸的一瞬，丛生了若干凌乱的诗行。

他涌动的血液踩着心跳的鼓点，激荡出温柔的跫音，将半生的颠沛，化为一声声低语，那往事饱和的皱褶里，谁人能解他在大漠上难消的孤苦与凄凉？

战争的声音，淬火的嗓音，无法唤醒家乡那帘氤氲的梦，山魂沙魄的倒影下，他望不到照彻京城的月光，就连那熟悉的心上人儿的婉媚曲线，也竟如写意般抽象。或许，唯有那缕缠绕发际的风沙，不停地交换着姿势，才能替他拂去那抹眼角风尘仆仆的苦涩的泪。

如今身处茫茫塞外戈壁，西风吹人寒，黄沙扑人面，纳兰只感觉身体的寒，最多不过厌倦这羁旅生涯带给他的颠沛生活；而在那皇城之中，纳兰又真正是快乐的吗？虽然眼前红花绿柳，红粉铅华，锦绣加身，但纳兰无意留恋。官场上的风云赛过战场上锋芒，胸怀壮志想建功立业，却只被当作一名普通的侍卫。这一切让年轻气盛、壮志凌云的纳兰好生沮丧，如坠冰窟，对茫茫仕途充满了疑惑。所以在纳兰眼中，哪里的景都是一样，塞外的烈风只让他身上寒冷，而官场的劲风却让他心上发凉，都是“一例冷清清”啊！

忧伤的风舞，点缀着大漠的苍茫，划满伤痕的夜空，没有一颗流星可以点亮，凌乱的心事，被悄然封存在这一颗颗小沙子里。隐隐的箫声，吹瘦了翻滚沙丘。

捡一片飘零的胡杨叶，轻轻拂去浅落的尘沙，由光阴的缝隙，远望清晰的脉络，那些牵魂引魄的悠悠往事，那些曾经的繁华喧嚣，纷纷扰扰，真真令人不堪回望！

慵倦的残灯，仍摇曳在身后的行帐，纳兰瘦削的双肩，散披着夜露的清凉，任一怀幽思，浸润他疲惫的脚步，不知此刻行帐内的人是否也在思家？

正在纳兰为着这“冷清清”的生活怅惘哀伤时，耳边忽闻一阵玉箫声。玉箫空灵而又如泣如诉的音响，一下子攫住了纳兰的心。曾经，那箫声曾经吹入江南，吹彻关塞，于时空夹缝中迂回流淌，或许，音符中那些飘逸与空灵，一朝散尽，到头来，该记住的记住，该遗忘的遗忘，唤醒的也只是寂寞行人的梦一场！

想想千百年来，那许多或不得志或志得意满的英雄们，不都最终化为黄土一抔？生前再风光，也都随风而去，日久尚不复为人所闻，又何况自己并不热衷于政治与荣华呢？这玉箫声正如一曲祭奠的挽歌，唤醒了无数为功名而折腰的英雄，也唤醒了正在愁闷的纳兰。

梦已醒，那寂寞是否会走远呢？

古戍饥乌集，荒城野雉飞

南歌子·古戍

古戍饥乌集，荒城野雉飞。
何年劫火剩残灰，试看英雄碧血，满龙堆。
玉帐空分垒，金笳已罢吹。
东风回首尽成非，不道兴亡命也，岂人为。

古来多少诗人，总是因缘际会、心中有感故而发声于词，正所谓“困顿出诗人”，愈是矛盾深刻、冲突凸显，这种内心深处的挣扎无处可发泄便一涌而出化为词句，字字珠玑，更有甚者句句泣血，令观者动容。

词如其人，纳兰容若刚性的生命，隐于其温文尔雅的柔性外表之下，人见犹怜，复不掩英风。这只黄金笼中的囚鸟，总期待着展翅飞往云霄的那一刹那的快乐；然而纵使飞出金笼，他亦如失群的飞鸿，总在哀哀寻找着自己的神仙眷侣、至情同道。在他词中，我们更多听到的，是一种在不自由中渴望自由的血泪和鸣。由是，纳兰容若绝非欢乐的黄鹂，栖息于静美的花园，忘情地歌咏春光；他是荒野的老雉，是戍边的饥饿乌鸦，声声啼血——纳兰其人其词，确如子规啼血，凄哀无比。

纳兰便是这样，内心困顿忧郁，似有千千结，百般郁结而不得出，便都化为或缠绵悱恻或悲愁交加的诗行。他的词总是百般感慨，尤其对于塞外的情绪错落不安，或壮阔或悲戚或慨叹，一波三折，正是出自他内心搅扰不止的冲突挣扎。

纳兰无疑是忠君之臣，内心有热血，也渴望在官场上博得一份功绩，不为荣华，仅为实现自己的人生价值，不然，怎会有那诸多的铁马金戈铮铮作响？但多情敏感的纳兰心怀细腻慈悲，相较于战争，他更在乎百姓的安乐，不愿意看到民不聊生、血流成河的场面，每每联想到战争的酣畅，便衍生出了无尽的后续场面的悲苦，总是叹之又叹，“不能喻之于怀”。

纳兰容若，一直是天生的忧郁之子，伤感之子。这首词中，他的情感可谓千万状：婉约，劲健，忧郁，豪放，缠绵，明朗……但终究天然一段忧郁，平生万种情思，凝结于心；纵是在雄浑阔大的塞上吟词，亦不失其与生俱来的忧伤和悲戚。

这无尽的悲戚感想，许是来源于某一个清晨抑或黄昏，纳兰极目远眺，瞥见边疆一座古老的城堡，其上飞旋着许多饥饿觅食的乌鸦，黑压压一片，聒噪不已，顿时令纳兰心下一沉——乌鸦古来就非祥瑞，它的出现，往往昭示着死亡的来临。纳兰不禁想到，那座城堡里曾经有伤亡与死者，这群饥肠辘辘的乌鸦们聚集盘旋，等待那些无辜的人儿一咽气，便俯冲而下啖食，从而“大快朵颐”。

纳兰思及此，不禁作呕不已，无法想象那会是多么血腥而又残忍的场面！战争必然会有伤亡，但是却没有人去顾及已经重伤或者死亡的伤者，只能任由乌鸦啖食，任由尸体风干腐烂。纳兰无法继续想象那场面了，只能将目光拉回眼前。

边疆城营，曾经该是驻扎了多少的将士，不知到底经历了怎样一场恶战，只遗留下一座空城，一个空荡荡的城堡，荒草丛生，被乌鸦所占，就连野鸡也在其间飞腾不止。那是何时的一场战火，烧剩这一堆残灰碎瓦，那些浴血战场的将士们的雄心壮志、铁血丹心，为报国忠君而只剩下的残骨，不知何时早已被风沙所掩埋，只留下一堆又一堆的残石瓦砾，依稀能够辨认出曾经倒下的地方。

主帅的帐营是哪一座呢？曾经夜夜响起的胡笳声又去了哪里？纳兰努力辨认，仔细聆听，奈何只闻风声阵阵，曾经的战场与声响，早已不复存在，历史和岁月的风沙已将这一切掩埋，管它曾经经历过多壮观与激烈的战斗，曾经有过何等的辉煌，如今只剩下黄沙与瓦砾，谁又能记得这一切呢？来年的一场东风，吹拂着万物复苏，但该沉睡的永远沉睡，再也不醒。草木年年春，人事却已非，再也回复不到原来的模样，正所谓“人面不知何处是，桃花依旧笑春风”。

这历代的兴亡，仔细追思，都好似命中注定一般，领袖人物也不过顺势而为，无人能够改变得了这历史大局，兴衰由上天注定，再怎样强求，也难逃最终的命运。那么，又为何要有那么多的战争呢，为何要有那么多的蝇营狗苟呢？

纳兰困惑了，也矛盾了。这位御前一等带刀侍卫，既要忠君爱国，又无法避免自己卷入其中，自身的使命与内心体恤百姓的心情起了冲突，导致他内心苦闷不已。纳兰是极其热爱和平的，有一首诗《柳条边》写道：“是处垣篱防绝塞，角端西来画疆界。汉使今行虎落中，秦城合筑龙荒外。”这里提到的“角端”，乃是一种好生恶杀的祥瑞之兽，一出现，则战争与杀戮便会停止，恢复和平。纳兰以这种形式表达着对于和平的渴望，足以证明他对于战争的厌恶。

纳兰曾经做过统治者的“间谍”，所谓“宣抚”实则是为讨伐做准备，这令他痛苦万分，于是便将一腔愁怨倾泻至作品中，便有了《柳条边》里引用角端的典故。纳兰对战争是如此敏感，故而才会有见到乌鸦飞于荒城之上便生出兴亡的感慨，才会有一篇篇悲愁之作。

纳兰的这首词，似不用力而用力，似用力而实不用力，可谓真正的风致天成，境由心生。他以其真纯深婉、明快亮丽，彰显一种独特的底色。这底色中生命的多元色调的交织、文辞之美与性情之美的交织，成就了这样一个千古无二的纳兰容若！正如他的一生，犹似流星划过夜空，留下灿烂轨迹；这是一种陨落之美。读纳兰词，便会想起那句话：美，总不免叫人心痛。

塞草霜风满地秋

南乡子

何处淬吴钩？一片城荒枕碧流。
曾是当年龙战地，飕飕。
塞草霜风满地秋。

霸业等闲休，跃马横戈总白头。
莫把韶华轻换了，封侯。
多少英雄只废丘。

提到词，总是推宋词为尊，无论是苏东坡的豪放，还是李清照的婉约，每一首词都尽善尽美，独树一帜，成为后世标杆，树立典型的同时也设置了一个难以逾越的高度。及至清时，历经元曲、杂剧、明清小说，词人已渐渐稀少，能作好词者更是寥寥，许多词作虽工于技巧却失去了气韵，而唯有一人，其词清婉有神，直追两宋词人。

纳兰词之所以为人称道，离不开他词中的气韵，这种气韵，或清幽婉约，或惆怅断肠，或宏大哀婉，皆动人心扉。纳兰词之所以脱得窠臼，离不开他对于各种词形式内涵的杂糅把握，看似不相搭却又浑然一体，这集中表现在他的塞外词作中。

很难以想象，一个拥有英雄般宏大视角的人会同时兼具女儿般的凄凄情绪，不似稼轩词的悲壮，他的词总是带着一种“废墟感”，读来更让人涕下，一首南乡子，集中体现了这种独特情感。

一日，纳兰出使梭龙已至松花江畔一带，放眼四望，皆是荒芜。对历史精通与敏感的他，难免感慨万分：历代不乏争战，想当年春秋之际，吴越争战不已，吴王阖闾为取胜，便命人作金钩，不料想竟有下属以自己两个亲生儿子作祭，以血涂钩铸成金钩进献吴王。战争总是充满着鲜血，人命如草芥，更别提会为名利而不顾亲情之事。古往今来，哪一把兵器不曾饮够鲜血？以血涂钩，本身就是对战争的献祭，使本就残酷的战争无休无止。

李贺曾以为好男儿都该奔赴沙场为国效力，故而放言“男儿何不带吴钩，收取关山五十州。请君暂上凌烟阁，若个书生万户侯”，而纳兰的一句“何处淬吴钩”，反感厌恶与怀疑顿现，既有对战争带给百姓苦痛的痛恨，又有个人壮志未酬的哀叹，这种矛盾与叹息，在词中化为了无尽的悲凉与悲怆。

此时正值秋季，百草衰败，风霜不止，只有无尽的苍茫入眼帘，而与不远处的荒城相望，联想起古时战争割据的酣畅与今日的凋敝苍凉，一种荒凉与无力感深深撼动了纳兰的心，此情此景，怎不叫他感慨万千？

不知当年究竟是谁将上弦月拉成了一张弯弓，搭上雄心的羽箭，将一轴盛世的繁华，卷进飞扬的尘土，令千年前那一簇殷红的血花，竟冷凝在了历史的阡陌上。

纳兰勒住了马，携着凌乱的心绪，在风中凝眸，思绪仿佛又回到了千年前那场战争，听到了千年前兵士们吞天的呐喊，看到了那企图让铠甲披身的王，高举倚天的长剑，伴着那逐鹿的匆匆脚步，携着万千征夫无法排释的乡愁，在凯旋的笙歌中，将九州山河重新组合，重新丈量。

他，纳兰性德，作为御前侍卫，虽没有王者的气度，但也是满怀报国壮志，想为这江山洒一腔热血。然而，如今只能站在曾经洇满血渍的土地上，回望经年杀戮的伤，在历史的夹缝中，听王者的长啸、壮士的高歌，想象彼时血腥的场面。收回目光，极目所见之处，却看见当年的战场变成了一座废墟，只剩下曾经环绕城墙内繁华市井生活的碧水，依旧缓缓流淌。

纳兰容若忍不住一声长叹，难道这就是当初蔽日的旌旗下，任铁蹄席卷的征战之地吗？当年万马嘶嘶、千军呐喊的战场就这样被荒草掩盖了吗？群雄割据的壮阔气势就被断壁残垣下的流水慢慢带走了吗？脚下的泥土里，那些深掩着的数以万计的骸骨，是不是早已化身为生生不息的野草，日日夜夜顺着风的方向，怅望着遥远的家乡……

一切俱已不见矣！只剩下寒风枯草中的一季残秋，在絮语着无限的凄凉。

细数历代兴亡，将英雄们的霸业宏图一一呈现，又有多少人真正得其所愿？更多的是英雄末路，壮志未酬。人世何其匆匆，而人又是多么渺小，在这浩渺的宇宙时光之中，能存在多久，有没有时间去实现所有的梦想，答案几乎是否定的，尤其是对于有着大梦想的英雄人物们。他们总考虑着怎样被铭记和流芳千古，而这与恒久不变的星空明月相比，竟是如此不堪一提。

“大江东去，浪淘尽，千古风流人物”，苏东坡以酒酹江，只因他懂得，与那恒久不变的江山江月相比，纵使千古留名，最终也会随风逝去，最终不复为人所闻，比如那谈笑间便使敌军灰飞烟灭的周郎，最终也不敌诸葛孔明的才智，衔恨不甘而终。但苏轼终究是苏轼，他是豁达而开朗的，虽也有壮志未酬身先老的感慨，却全无颓废与迷茫，反而更显豁达。

纳兰也有着如苏东坡一般的壮怀激烈，有吞吐历史、看透无常的智慧，但这骨子里抹不去的悲伤，让他的词总带着一种凄凉。千古风流人物也最终都将作古啊，那些美好的韶华时光，却不被当时人所珍惜，一心只想着封侯与功名，待得年老，一事无成抑或壮志未酬之际，却总遗憾叹息。

总是不觉间就白了头，可惜未来得及实现宏图大业，可惜白白浪费了韶华时光，最终也只有一座座坟丘埋枯骨，将那些叹息与遗憾带进坟墓，再也不复所闻。究竟追寻的那些都值得吗？纳兰摇摇头，人生一世，草木一秋，放眼朝野上的党派之争，市井中的蝇营狗苟，得怎样？失又怎样？当一曲终了，还不过是数着命运赐予的缕缕伤痕，任一把白骨，尽随一抔黄土，从此，便掩去了所有红尘里的那些笑声与泪光！

流年的轮转，时光的沧桑，我们怎能抵抗？

千百年来，不息的日月，碾碎了几多帝国千年传承的梦想？君不见当年那些横刀立马的英雄儿郎，也都输给了时间，转瞬间已是步履蹒跚白发苍苍。

不要以那些美好的青春时光，去换取遥不可及的封侯虚名，不要让那些抓摸不着的王侯将相，成为一生的向往，君不见，历史的长卷里，有多少所谓的英雄豪杰，到了最后谁又能逃得脱坟墓深掩的悲凉？

踏着千百年来，被诗人们吟诵得发黄的日光，独自一人滞留在这经年无人的荒路上，头顶上飞旋的野鸟，仿佛啼穿了历史的回音壁，以执着的喙，啄着他百转的愁肠！他扬起鞭子，马儿一声嘶鸣，扬尘而去。

归梦隔狼河，又被河声搅碎

如梦令

万帐穹庐人醉，星影摇摇欲坠。
归梦隔狼河，又被河声搅碎。
还睡，还睡，解道醒来无味。

细读纳兰词会发现，豪放是外放的风骨，忧伤才是内敛的精魂。“万帐穹庐人醉，星影摇摇欲坠”一句无限风光惊绝。人尚留在“星影摇摇欲坠”的壮美凄清中未及回神，“归梦隔狼河”的现实残酷已逼近眼前，帐外响彻的白狼河的涛声将人本就难圆的乡梦击得粉碎。

奇怪的是，这阕被王国维许之为豪壮的《如梦令》让人最先联想起的并非“黄昏饮马傍郊河”的雄壮，而是李易安“绿肥红瘦”的清廖。也许容若本身透露的意象就是如此。

读这阕词的时候，会有一点落寞，静静地滴下来。

康熙二十一年，正值圣上诣永陵、福陵、昭陵告祭出山海关之时，作为御前一等带刀侍卫，纳兰自然是要随驾同行。虽然出行塞外多次，每次不乏大量车马将士相随，但此次陪伴圣驾左右，除日常行止及礼节外，纳兰倒也落得一身自在，尤其当星光洒满天际之时，他便能独享一份清净，倒少了对于塞外满目荒芜的感慨。

夜深人静，更深露重，圣上与将士们怕是早已入睡，纳兰却迟迟不眠。这样的时刻，面对大漠山河，纳兰充满了一种以往从未有过的感觉，开始重新审视眼前的这片土地，尤其开始注目上方漫天的星河。

相比于京城的灯火阑珊、火树银花，这里安静黢黑得有些不寻常，加之旷野人稀，少有高大乔木的遮蔽，四下灯火一熄，纳兰便感到如坠无尽时空之海中，唯独能告慰的，也只有漫天星光闪烁。天幕黑沉的背景下，一颗颗星子明亮闪烁，竟将黑夜照耀得如此梦幻动人，仿佛缀满宝石与水晶的黑袍，经灯光一照，便立刻璀璨光明。

空旷广阔的空间容易引人共鸣感慨，诸如陈子昂吟出的“前不见古人，后不见来者；念天地之悠悠，独怆然而涕下”之句，自身于千万光阴、浩渺宇宙中的渺小感顿显无遗，唯有“怆然涕下”的哀恸。相比于陈子昂的动情悲戚，纳兰倒出乎意料地没有过分悲伤，反而欣赏起了星河原初的美，忘记了自身的存在，只为着眼前一幅丹青难绘的大自然杰作生出了崇敬之心，为它的原始美所震撼，沉醉于这幅美妙画面中不能自拔。

具有感染力的美，往往令人沉醉。纳兰此时便是如此，忽略了自身的职位，忘记了自己的身份，不记得往日的悲愁，只因一见心清净的广阔天地中一颗颗璀璨的星子而忘我陶醉，仿佛自己已经飞升至天，与那数不尽的星河月色融为一体，成为其中一颗，拥有着同等的频率闪烁，俯瞰这世间被夜幕所包裹的一切，没有悲喜，没有情绪，只安静地成了一颗闪烁的星。

望着黑暗中没有边际的苍穹，没有了地平线的约束，仿佛周边成了没有尽头的通途，随人走到哪里，随这世间如何，都安稳平和地温柔遮盖，一视同仁。纳兰抬头望望天，那摇曳闪烁的星星仿佛跳动着要坠落一般，随着天幕的倾斜，像要滑出这块黑色幕布。纳兰呆呆地想，若是那整个穹顶的星子掉落，是否会颗颗分明如水晶珍珠，是否如落玉盘般清脆作响？他的思绪随着闪动着的星星跳跃不止，如微醉般，醺醺然不知所以、不知所在。

人沉醉，却非全醉。就算塞外风光奇绝，扈从圣驾的风光，也抵不了心底对故园的冀盼。

有人说，诗词是对家园的无限怀想。这句话，对此时的容若再贴切不过。其实不止容若，离乡之绪，故园之思简直是古代文人一种思维定式，脑袋里面的主旋律。切肤痛楚让文人骚客们写出了这样“生离死别”震撼人心的词。

那时候的人还太弱小，缺乏驰骋的能力，因此离别是重大的。一路上关山隔阻，离自己的温暖小屋越来越远，一路上昼行夜停风餐露宿，前途却茫茫无尽，不晓得哪天才能到目的地，也可能随时被不可预期的困难和危险击倒。在种种焦虑和不安中意识到自身在天地面前如此渺小。

在这“微醺”的状态里，纳兰沉沉睡去了。梦中，纳兰越过了不远处的狼河，竟回到了日思夜想的故乡。故乡家中，有一个人仍在等待他的归期，那个睡梦中都牵挂的人，终于能与之相见，互诉衷肠，再续恩爱，是令离家多日的他多么激动和幸福啊！

也许是星河明月太美，令纳兰不禁联想起了妻子的芳容，于是寻梦归去，梦中得享甜蜜；但怎奈那狼河浪涛声滚滚，拍打着碎石岸无休无止，竟也打碎了纳兰的美梦，让他从梦中欢愉的情景里骤然醒来。

纳兰面对着无尽的黑夜，与生俱来的孤独感与离家多日思家心切的心情杂糅，竟是五味杂陈，兼带着美梦被扰的懊恼感，一时没了睡意，转增忧愁。但是醒来，面对的仍是以往困扰他的那些情绪，那些有关家族荣誉、政治仕途、个人理想的纷争忧愁一时涌上前来，揪扯着纳兰本就愁苦的内心，分外煎熬。

醒来面对现实，这是多么痛苦的一件事啊！纳兰不愿意面对这些解决不了的矛盾与冲突，这都是些无聊至极但又不得不面对的事情，他只能以逃避的方式刻意忘记。那么还不如睡去呢，睡吧，睡吧，梦里不会再多想这悬久未解的难题，尚能获得一丝安慰。

这颗孤独的灵魂啊，总是这样多情而感伤，敏感而脆弱，前一刻尚为着自然的壮美而喜，下一刻便转而忧愁，继续为尘世之事烦忧。正如有人说他“豪放是外放的风骨，忧伤才是内敛的精魂”一般，这忧伤寂寞太过入骨，又无力改变目前的处境，只好一哀三叹，谱写一曲曲带愁的词令。

卷五

五味杂陈的人间词

欲渡浣花溪，远梦轻无力

生查子

短焰剔残花，夜久边声寂。
倦舞却闻鸡，暗觉青绫湿。
天水接冥蒙，一角西南白。
欲渡浣花溪，远梦轻无力。

生查子多抒幽怨之词，对于纳兰这位骨子里便带愁的诗人而言，是最为贴切、信手拈来的词牌，虽寥寥数句，却哀婉动人。

纳兰短暂的一生之中，其中多半远涉塞外，对于塞北，他总是有着不同于往常人的哀怨凄凉，也有着比一般人更广阔宏大的视角，景色入他眼，往往要么多愁，要么壮美非常，留下的塞外词也数量颇多。

霜冷月寒的边塞冬夜，如豆的摇曳灯光下，纳兰久久不眠，看着帐篷壁上摇动的昏暗光影，思绪再次陷入不可名状的情感之中。此刻唯一陪伴他的，只剩流着红泪的短烛一根，此刻灯花渐长，焰火渐短，摇摇曳曳似要熄灭的模样。纳兰只得起身剔剪灯花，方在这无边的黑夜中寻得一丝光明。夜已深，将士、战马、野禽等俱已入眠，就连鼾声都不曾闻见，无边无尽的黑夜寂寥无声，仿佛吞没了无尽时空，寂寞便不可抑止地漫上了心头。

范仲淹在《渔家傲》里感叹“四面边声连角起，千嶂里，长烟落日孤城闭”。塞外，就是这般寂寞，虽然视野广阔雄浑，但是心却找不到一个能安放的角落。

行帐外面，霜冷月寒。辗转无眠，转眼已初露曙光，忽然闻一声鸡鸣，寂寞像脆脆的玉杯，碎了一地。这鸡鸣声，让容若想起了一个人，他便是魏晋时期的祖逖。祖逖年轻时就有大志向，曾与刘琨一起担任司州的主簿。有一天与刘琨同寝，夜半时忽然听到鸡鸣，于是起床舞剑，后以此作为壮士奋发之典。这里，容若却是反用其典，“我心深倦，何事鸡鸣”？对于百无聊赖的生活，容若早在另一阕词《忆秦娥》里也有描写：“长飘泊，多愁多病心情恶。”这样的心境之下，何来“闻鸡起舞”之心呢？

等到容若写《生查子》时，魏晋，于他来说，是一个更遥远的梦了，此时他的心倦怠至极，怔怔不知所以，祖逖闻鸡起舞的奋发精神不但无法激发他心中的斗志，反而因“长飘泊，多愁多病心情恶”，对这一切失去了兴趣，只留有一颗无处妥帖安放的心，在长夜漫漫后的黎明暗自辗转悲叹。而不知什么时候，锦衾已被泪水打湿，一张俊美的脸庞，挂满了冰凉的泪痕。

鸡鸣就任它去鸣吧，容若并没有起身。正是在这天将放光之际，有那么一刻，容若似乎进入了一个梦境。梦中，水天相接，幽暗不明，只在西南之处，有隐隐的光。这样的梦境中，容若的心神仿佛离开了他的身体，想要飞渡浣花溪。怎奈，梦想的翅膀飞不过现实的沧海，梦，总是太轻。醒来，只有更深的惆怅。

天色渐渐明亮了起来，水天相接处昏蒙幽暗，远处地平线的边际模糊不清，似混沌初开的时节，而霎时间，天边已渐露鱼肚白，眼看黑夜就要过去，白昼又将来临，纳兰便又这样似睡似醒了一个黑夜，浑然不知或者刻意忘记这昼夜交替对于他的意义。

是什么，让容若夜夜无眠心情苦闷呢？是身处在塞北的苦寒之地吗？不，是相思，蚀骨的相思。容若，他在思念一个人。是谁，让容若这样刻骨相思呢？揭开谜底，终是让人心有期许。或者，循着浣花溪，可得芳径，在浣花一睹伊人身姿。

浣花溪在哪里呢？

浣花溪在四川成都，杜甫的草堂就在浣花溪畔，“两个黄鹂鸣翠柳，一行白鹭上青天。窗含西岭千秋雪，门泊东吴万里船。”写的就是浣花溪的景致。半生漂泊的杜子美于中年定居浣花溪，在草堂度过了人生中最为安稳的一段岁月。纳兰或许有对子美的惺惺相惜之情，但情不至深，不到彻夜辗转难眠的境地，故而不会是为子美而作。

难道是与浣花溪的另一个传说有关吗？

传说浣花夫人是唐代浣花溪边一个农家的女儿，她年轻的时候，有一天在溪畔洗衣，遇到一个遍体生疮的过路僧人，跌进沟渠里，这个游方僧人脱下沾满了污泥的袈裟，请求她替他洗净。姑娘欣然应允。当她在溪中洗涤僧袍的时候，却随手漂浮起朵朵莲花来。霎时遍溪莲花泛于水面。浣花溪因此闻名。只是多情的纳兰怎会为一段美丽的传说而难眠？

那么，容若的“欲渡浣花溪”是不是与另一个人——薛涛有关呢？薛涛（约768—832），唐代才色名动一时的名妓，亦是著名女诗人。薛涛姿容美艳，性敏慧，八岁能诗，洞晓音律，多才艺，声名倾动一时。其父薛郧，仕宦入蜀，父死家贫，十六岁遂堕入乐籍。脱乐籍后终身未嫁，后定居浣花溪。她喜欢采用木芙蓉皮做原料，加入芙蓉花汁，制成桃红色的精美小彩笺，常用于写小诗酬和，人称“薛涛笺”或“浣花笺”。想起来已是雅致且香艳至极的。当时著名诗人元稹、白居易、张籍、王建、刘禹锡、杜牧、张祜等人都与其有唱酬交往。

由于浣花溪水清滑，所造纸笺光洁可爱，为他处所不及。关于“浣花笺”有很多题咏，韦庄有诗曰：“浣花溪上如花客，绿暗红藏人不识。留得溪头瑟瑟波，泼成纸上猩猩色。手把金刀擘彩云，有时剪破秋天碧。不使红霞段段飞，一时驱上丹霞壁。”李商隐也有诗赞曰：“浣花溪纸桃花色，好好题诗挂玉钩”。薛涛死后，很少再有人能用溪水造笺纸了。

想薛涛才情容貌，也足以与多才且俊秀的容若相配，只是一个已经作古的佳人，怎得多情才子如此相思难忘？“窈窕淑女，寤寐求之。求之不得，寤寐思服”，这辗转难眠的苦恼，也当得为一佳人吧，而纳兰心中的佳人，也只有一人了。

后人对沈宛其人有两种说法，一是纳兰从小青梅竹马却最终嫁入皇宫不再相见的表妹，一是才情容貌了得却不幸堕入风尘的名妓。如以后者度之，也唯有薛涛可得与沈宛相比。

相传纳兰妻卢氏殁后，纳兰又续娶两妾，但均未走入纳兰心里，而经友人搭线，纳兰与江南一代名妓沈宛相识。一个是美艳动人风情万种而又才华出众的风尘女子，一个是容貌俊秀多才多情的富贵公子，看似遥不可及、门庭殊异的二人，却因心灵的相契走到了一起，而沈宛也成为了继卢氏之后最后一个走进纳兰心里的女人。

沈宛与薛涛身世、才情都极为相似，也难怪乎容若念念难忘“欲渡浣花溪”，假借薛涛之名，实为思念沈宛之意。而在塞外寂静的深夜中，也唯有能够懂得纳兰的沈宛值得他如此相忆，只是山水相隔，就连梦中都难得相见。

相传这是容若在世间的最后一个春天，而他对“浣花溪上如花客”的心上人沈宛，也只有无尽的愧疚与相思，和“轻无力”的远梦无边了。

兴亡满眼，旧时明月

忆秦娥·龙潭口

山重叠。
悬崖一线天疑裂。
天疑裂。
断碑题字，苔痕横啮。
风声雷动鸣金铁。
阴森潭底蛟龙窟。
蛟龙窟。
兴亡满眼，旧时明月。

【一八五】

康熙二十一年春，纳兰扈驾东巡至西山黑龙潭。黑龙潭坐落于画眉山北，于东北石崖下一山嘴处，如其所言之“黑”，这里的石色皆青黑，而周遭树木葱郁萧森，荫苔丛生，嫩而润滑。

既名之为潭，便不能不提这潭水：山泉涌自深潭底处，清冽非常，而水势又较旺，周遭的乔木也得益于泉水的滋养，加之谷中土层厚重，故而生长得高大而又繁茂。就在这潭水旁的潭口处，黛青色的石崖分列两旁，中间只留有一丝的缝隙，令人望之生畏。

黑龙潭的泉水属于石灰岩地区溶洞，从这裂缝中的暗河涌出，由这颇大的水量来看，便知这崖难测深浅——它或许尚连接着不远之外曾有水流、被称之为“海眼”的溶洞。况且这“黑龙”也极有来历——这里的山体岩石色泽以黑为主，且由于泉水与樱桃沟等地的山泉不一样，并非由于山体地层涵水下渗而最终至山脚处形成泉水露头，而是源自喀斯特地貌的暗河伏流涌出。此处便知这条“盘踞的黑龙”来头不小，据传说，它是东海龙王第七子，潜居于此，而清代之时皇家曾为此地敕建黑龙王庙。

山体呈现黝黑色彩，背阴处又被高大乔木遮蔽阳光，加之少有人行的寂静空洞，使黑龙潭周遭带着一种压抑的气息。在这种气息下，纳兰抬头瞭望，看到两处黑色崖石逼仄至不足盈尺，顿觉呼吸急促——此情此景，看起来仿佛是天裂开了一道深深的开口般让人揪心害怕。

就在这“裂开口的天穹”下，纳兰举目四望，发觉竟有一截残破断损的石碑歪歪斜斜立在丛林草色中。由于年久日深，加之风吹雨淋，石碑上的字已经模糊到不能辨认，而石碑本身，也早已布满青苔，并被这青苔“噬咬”到残损不堪，处处都留着青苔“咬过的齿痕”。

纳兰望着这断碑，遥想那过去无数时光，不管曾经是辉煌还是黯淡，最终都湮没无闻；即使是上好的石料做成的石碑，年久也为风霜青苔所蚀，更别提那人造的辉煌景象，不多时便就不复为人所闻。

正在他为这石碑感慨伤怀不已时，蓦地刮起了一阵大风。风起树动，无数树叶哗哗作响，风从林间呼啸而来，又从“一线天”般的崖壁间嘶鸣而过，扯动树枝，带动水声，一时间竟犹如有人敲响了万面金锣金钟，而又雷声阵阵，轰鸣不已。纳兰为这突然而来的巨大响动惊诧不已，而这阵阵风声，仿佛带着悲鸣般呼啸往返，直冲击纳兰耳膜；正在为往事更迭淹没伤怀的纳兰，借由“风声悲鸣之力”，内心的那股感慨情绪也一发翻涌不息，随着风四散于全身每个经络，继而与这黑龙潭压抑低沉的景象融为一体，顿时天地中都带着纳兰悲慨的心绪，随风嘶鸣不息。

风渐渐止息，纳兰的心绪也渐渐由慷慨转为平静低沉，一时间，万籁俱寂，天地又回归到了宁静不语的时刻。纳兰的视线早已从石碑上收回，转而看向一直暗涌无止歇的黑龙潭。此刻的潭面如一面镜子，但这镜子却清晰地映照着山崖黑沉的倒影，使得潭面也黝黑一片，有着一种阴森冰冷的感觉。纳兰不觉浑身发凉，想起了此地曾为传说中的黑龙潜居之地，那么这潭底住着的，该不会就是那蛰居的蛟龙吧？这深不见底的黑龙潭，原来一直是蛟龙之窟啊！

不知黑龙在此地潜居了多少日月，是否因看惯了人世的兴亡更迭故而蛰居不出，便就在这小小的黑龙潭度过了无数个日夜。山崖上的“天之裂痕”虽然细小，但日月却也能从那缝隙中透出光亮，每每这时，潭面便会映照着日月的光芒与清辉吧，那黑龙一定见证过无数个日月映照潭面的样子，岂不是无意间便经过了许多人世的更迭？

时光于黑龙潭是静止的，但对纳兰来说，身处人世，眼中看过、耳中听闻多少朝代更迭，又有多少的杀伐征讨是为了换取眼前的一时繁华，这些情绪竟使得一颗年轻的心如此沧桑。旧时明月今时仍圆，只是这无尽的兴亡何时能休，纳兰叹息着，缓缓移步离开了黑龙潭。

聒碎乡心梦不成，故园无此声

长相思

山一程，水一程，
身向榆关那畔行，夜深千帐灯。
风一更，雪一更，
聒碎乡心梦不成，故园无此声。

无论是否读过纳兰词，有一首小令一定耳熟能详，不仅因为它曾被改编成电视剧《七剑下天山》的片尾曲，更因为它的易读与朗朗上口，使得只要听到这首词的人都能读诵其中一二。

一曲《长相思》，折煞多少游子心。偏这题目与内容如此贴切，仿佛一种解读，道尽纳兰心中无限事，只此一首词，胜却无数塞外的吟诵之句。蔡篙云评说纳兰词“丰神迥绝”，说到他塞外词“殆馗从时所身历，故言之亲切如此”，而王国维更是盛赞此词的“千古壮观”。无数名家竞相追捧，其中也可窥见此词的不同寻常。

气质清幽的纳兰，虽无雄心大志与大略，却一次次跟随圣驾、跟随边关将士一同前行戍守塞外。每到这时，在一个个不停歇的驿站，在一次次颠沛流离的旅途中，纳兰的心总为着黄沙漫天、天阔云高、荒凉寂寞的大漠之景或震撼、或叹息，天上摇摇欲坠的星子见证过他忧郁的眼神，无论是塞草霜风还是千里暮云，哪一样不是深深撞击着纳兰的胸口？

塞北景致的荒凉寂寞，说到底是与纳兰骨子里的彻骨寂寞相呼应的，正因为这一次次的呼应撞击，纳兰的灵魂仿佛也更加宽阔，有了一道“出口”，从这出口中，要么喷涌而出无尽的寂寞哀叹，要么吞吐出无尽的历史江山，这其间的千般滋味，大漠黄沙皆温柔地包裹了，骄纵着纳兰

“任性”的情绪。

那些马蹄匆匆的塞外行，纳兰一次比一次印象深刻，情绪也一次比一次酝酿得深。山与水，在纳兰眼里，总是无尽地更迭，仿佛刚刚翻越过了一座山，跨过了一江水，霎时间又要与山、水相遇，跋涉千里，山水便跟随了他一路。一程又一程，这叠句里，道尽的是纳兰疲倦的心绪。

纳兰刚走过了黑龙潭，下一程的目的地又是那遥远的山海关，但此刻，他尚在远离山海关的路上跋涉。就这样一步步地，纳兰跋涉了一个白昼，终于在夜深时到达了行军的营帐。与黑沉的天色相对，帐营里一盏又一盏的灯火明亮，仿佛那星星真的掉落到了营帐之中，将这一片的帐营映照得犹如白昼。

久惯黑夜的人，乍得光明，心中总有无数难言的感动情绪。军营里的灯火盏盏不息，让纳兰恍惚间以为到达了繁华的京城，在那里，无论再深的夜，也总是灯火彻夜，狂欢的人潮不愿面对昼夜时光的易逝，总是尽可能夜以继日地欢乐。那些时光，虽性喜淡泊的纳兰不愿参与，但繁华京城里的家中，有一个人，也总是在夜间点着一盏灯火，默然凝坐灯前，等着这个离家的人早日归来。烛花不知闪烁了几回，灯火不知熄灭了几次，恍恍惚惚中，纳兰重又归家，而一个眨眼，竟又是满眼的灯火通明。

也好，反正总是失眠，还不如有灯火陪我。纳兰叹息着，辗转难眠。

每一个启程远行的日子，仿佛总是带着无尽的风雪不息，纳兰此次前行，就是这样夹风带雪的路程，风不停，雪亦不歇，一步一脚印，转眼间又被风雪覆盖。风声呼啸，一声比一声凄厉，刺骨的冰雪刮在脸上，呼啸的寒风灌进耳中，哪怕到了营帐里，风雪声也不曾停歇，本就愁苦寂寞满腔的思家情绪，被这风声裹挟着，竟一发不可收拾，思念也犹如顺着风的方向肆意吹荡，哪里还有半点的睡意。睡梦，不过是一种假意的安慰，纳兰再懂不过，每一次梦中的重逢，醒来后都带着无尽的怅惘叹息，愁绪转增，干脆就怪这风声太紧、太过聒噪，也好劝慰自己不能成眠是因为这风雪的原因。

在家乡，记忆中总是未曾听闻这样凄厉的声响，即使骤雨狂风，也只疾行喧闹一阵便息。风声里裹带着太多苦痛的记忆了，有关壮志难酬，有关思家心切，有关厌倦官场，有关不忍战乱，有关百姓离苦，无数个这样的场景似乎都伴着风声，以至于只要闻到风起，纳兰心门背后的一腔愁绪便“推门而出”；故园再漠然，也总有欢乐的时光与想念的人儿。

纳兰的这首词里，是有声音、画面的，那一步又一步地背向行走，逐步拉开了漠北与读者的距离，一盏又一盏的千帐灯火，足见军营的气势浩大；而那风雪不断的路途，便似风声在耳畔嘶鸣，加之声律的低沉厚重，竟有一种哽咽难言的情绪堵在喉口。

寂寞的纳兰，在辽阔天地、千帐灯火、漫天飞雪中被缩小成了无尽大幅画面中的一个点，而这个点的一声叹息，又将这个人拉至了无限大。这种无限大与无限小的强烈对比，正如这词中景致带给我们的强烈视觉、听觉、感觉震撼，在心中回荡着久久散不去，叫我们记住了这个在雪夜跋涉前行的寂寞诗人，和他留在天地间的一声叹息。

伴我萧萧惟代马，笑人寂寂有牵牛

浣溪沙

已惯天涯莫浪愁，寒云衰草渐成秋。

漫因睡起又登楼。

伴我萧萧惟代马，笑人寂寂有牵牛，

劳人只合一生休。

【一九三】

你无法想象一个忧郁的词人，清瘦俊逸、眼神如雾，却戎装加身，身跨骏马，一颠一簸，踏出阵阵尘埃，伴着一队队金戈铁马的队伍于黄沙大漠中前行是怎样的一个模样，正如你无法知道，为什么一个出身高贵、衣锦荣华、仕途顺畅的贵公子偏偏满腔愁绪，哀不能拔。

他就是这样矛盾的一个人，正好比有人挥笔泼墨、点缀勾画出了一幅壮美荒凉的大漠图，却有一个身形清瘦的白衣少年独立其中，倒叫人无法定义这画中之景了。

纳兰不爱仕宦之途，更不爱连年累月地远行，这既叫他身心疲惫，又要忍受无尽相思之苦的折磨，但如今，他却也渐渐习惯了这漂泊流浪的时光，愁绪也慢慢淡了一些，这到底是一种该喜还是该悲的情绪，无人知晓，于纳兰怕是也无法加以评判。

曾经那个“西风吹只影”的单薄少年，在塞外苦寒的风雪磨炼下，在日夜颠簸前行的旅途里，一些柔弱气息渐渐被吹散了，兴许是嘴角渐生的唇须唤起了他心底男子汉的坚毅，于是在不止歇的旅途中，纳兰不再天天叹息、夜夜难眠了；但真的他已习惯并对这一切无动于衷了吗？

似乎他总是在秋天出行，还是秋天的大漠更容易唤起他的情绪，也更容易被他记忆，这一切我们无法得知，只知道又是在一个衰草渐黄的日子里，云层一点一点厚重了起来，空气中弥漫着寒露初散的寒意，纳兰又迎来了旅途中的一个秋天。

一天的奔波旅行，纳兰困倦极了，到达歇脚的驿站里，他迫不及待下马，准备好好休息一下，好恢复由于一路颠簸造成的困倦。但刚一挨枕头，人完全放松下来，各种本已可以压制的情绪就又涌上心来。

纳兰“漫因睡起”，又是为何？这里化自杜甫“牛女漫愁思，秋期犹渡河”一句，提及的牛郎织女，怕就是他难眠的原因吧。牛郎织女一年仅于七夕夜相聚一次，虽有言“金风玉露一相逢，便胜却人间无数”，但那漫漫长夜的隔河相思，却是极其难熬的。纳兰以牛郎织女相比他与妻子卢氏，情形莫不相似！因常年离家在外，与妻子常常山水相隔，动辄数月经年在外不能回，而每回相聚又是匆匆，虽珍重再珍重，见面无尽地互诉衷肠，但不久又面临着分离，与牛郎织女的每岁七夕相聚又有何异。

“相思满袖风吹落，湖心几点涟漪”，纳兰的心便被这相思的涟漪所动，久久不能平息，辗转难眠，又无处排遣，无人诉说，只得起身，登上军营高楼，放眼望着满眼云疏星淡，目光不自觉地向着家的方向，怔怔不语。

少年时的纳兰一生愁绪由骨子里带出，但毕竟是未经世事的少年，有些愁绪未免为“为赋新词强说愁”，并不真正知晓那词背后的意义；而今常伴圣驾见惯了官场的蝇营狗苟，常奔塞外见惯了沙场的残酷厮杀，久经离别尝尽了相思之苦，如今又登高楼，开口竟是“久惯天涯莫浪愁”的云淡风轻，岂不有辛弃疾“而今识得愁滋味，却道天凉好个秋”的意味在其中？

纳兰的寂寞在这荒凉的大漠、整肃的军营无处可诉说，更觉一人的凄凄，陪伴在自己身边最久的，竟只有随行的一匹胡马，真是可悲亦可叹！再看看远处的那颗牵牛星，于银河边上闪烁不止，那牛郎牵着他的黄牛，正等待着七夕日与织女的甜蜜相会，而目前自己身处离京城千万里的远方，纵使良马日夜加蹄狂奔，也不知几时才能到得家中与妻子相会，思及此，不禁开始艳羡起了牛郎。

他本就不在意荣华富贵，不屑于尔虞我诈，却偏偏让他身居高位承受一切内心排斥的东西，故而他总是郁郁寡欢；这世间唯一能令他宽慰欣喜的妻子，也总是经月相隔不得相聚，莫不是一种巨大的折磨！

纳兰以《诗经》“骄人好好，劳人草草。苍天苍天，视彼骄人，矜此劳人”之句中的“劳人”自况，直呼吁苍天可怜他这个忧伤之人，字里行间充满了无奈，充满了他难言的一腔愁绪。故知首句“已惯天涯”只是虚晃之句，实则仍旧悲愁不已，但这愁绪无人诉说、无处排解，若不自我安慰，又怎度过这无止无休的塞外生涯啊！

冰肌玉骨天分付，兼付与凄凉

眼儿媚　咏梅

莫把琼花比淡妆，谁似白霓裳。
别样清幽，自然标格，莫近东墙。
冰肌玉骨天分付，兼付与凄凉。
可怜遥夜，冷烟和月，疏影横窗。

身形清瘦，一袭白衣，黑漆的眸子里像是蒙着一层雾色，叫人看不分明，犹如《乱世佳人》里斯嘉丽与艾希礼最后拥抱时，艾希礼的眼神仿佛越过了她看向无尽缥缈之处一般；嘴角紧闭，似是衔着无尽的秘密无处倾吐，脸色苍白如月色般——这便是由《饮水词》一阕阕词中跳脱而出的纳兰形象。

有人说，每个人都是一朵花，不同的性格代表着不同种类的花，守着自己的一方土地，静静盛开。曹雪芹可谓将《红楼梦》中的女孩子都赋予了一种花意，晴雯竟也成了一方花神，一首《芙蓉女儿诔》倾心描摹这花神的姿态与对其逝去的惋惜；而宝钗是牡丹，雍容华贵，黛玉是芙蓉之冠，温柔清雅，湘云是芍药，美丽而又憨态可掬，而妙玉是梅花，清雅脱俗，其余诸人不一一道也。

古人天生与大自然有着一种断不开的连接，喜欢以花草自况，如此方能将心绪或风骨托付。魏晋名士之一的嵇康，就有人形容他“岩岩若孤松之独立”，以松之肃然正直形容他；而林逋似山园中的小梅悠然自得，以梅花清幽的气质喻他峻洁清高；更有人将“梅兰竹菊”列为四君子，将花草拟人化，具有了特殊的精神与气节。

这万物中许多的景致，取其一而与纳兰相拟，则独以“梅花”最妥帖而恰当，更精确来讲是“白梅”而非“红梅”。琼花华美如玉，虽雅致素洁，却多了一份富贵的雍容，人人可亲，花发春暖时节，正是游人踏春之时，喜得人见；而唯独梅花与众不同，百花凋零它独发，愈是风霜凄厉，愈是色泽艳极，傲然于风雪之中，清雅高洁无花可及。

“一枝烟雨瘦东墙，真个断人肠”，多愁如纳兰，自然不愿看梅花独向东墙，但却无法拒绝梅花带给他视觉与感觉的双重美感。这是一种多么雅致独特的花卉啊！仿佛冰雪做成的肌肤、白玉做成的骨骼，它的气质与众不同，是“冰雪林中着此身，不与桃李混芳尘”的卓绝独立，是“素娥惟与月，青女不饶霜”的孤高姿态，兼带着被寒风霜雪磨炼出的坚毅性格，完全一副与世隔绝的模样。它选在寒冬腊月盛开，在极恶劣的环境下坚强存活且活得灿烂，但毕竟是处在这样一个寂寞的环境里，周遭除却白雪唯余莽莽，那该是一种怎样的凄凉境况。

纳兰虽身处荣华富贵之乡，看似一生风光，但内心深处的寂寞与愁绪是无人能解的。身处高位，众口铄金，流言蜚语自不停，正好似身处冰天雪地遭受风霜侵蚀摧折一般，虽心有不乐，但未能奈纳兰何，他依旧纵马出行塞外边疆，为着大清皇朝尽忠尽责。但其实他的骨子里，是苍凉而又寂寞的，就仿佛不是腊月寒冬正巧碰上梅花开放，而是这白梅甘愿独身于冰天雪地间一样，纳兰的心命中注定般就在这寒冷寂寞之地生根发芽，于是便自带了一身冰雪般的寂寞与清幽。

林逋喜爱的该是红梅。红梅高洁但有姿容，才有了“众芳摇落独暄妍”的孤芳自赏，也有了与黄昏相伴的阵阵暗香浮动和疏影对水的闲情雅致。妙玉喜欢的也该是红梅吧，看似身处“槛外”漠然世间，却有着对宝玉如红梅般热烈的情感。而纳兰，怎奈是骨子里的风霜雨雪冰冷太久，纵然红梅也煞白了颜色，犹如他的一袭素衣，气质超绝似出凡尘。

只是若要容若重新再选择一种命运，他必不愿再重复现在锦衣玉食却郁郁不欢的生活，这于他，非出自本愿。他性喜淡泊，宁愿“不受尘埃半点侵，竹篱茅舍自甘心”，筑一竹篱小舍，择一人终老于内，也不愿被迫接受他摆不脱的家族使命，与心上人或被迫分离或不得长相守。

纳兰是寂寞的，只是越寂寞的人其实越渴望温暖与安全感，这份安全感，此生唯有一人给过他，抚慰过他冰冷的心，那就是他初次见面便以“白梅”咏之喻之的妻子卢氏。两个相似的灵魂相遇，彼此共鸣，也就暂解了“举世茫茫少知音”之叹，可惜身不由己，即使是最爱的妻子，也不能常伴左右，于是纳兰的心便更加熬煎，性格也愈发孤僻了起来。

这个孤僻寂寞的人，多么渴望能自在逍遥，“何方可化身千亿，一树梅花一放翁”，就简简单单陪伴梅花，不为世俗所扰，抱守他的一腔宁静心绪，从此与世相安。只是此生，只能于风霜中煎熬，和着冷烟和冰凉的月色，只一“疏影横窗”，遥梦那些个未曾实现的所愿了。

冷处偏佳，别有根芽

采桑子·塞上咏雪花

非关癖爱轻模样，冷处偏佳。
别有根芽，不是人间富贵花。
谢娘别后谁能惜，飘泊天涯。
寒月悲笳，万里西风瀚海沙。

这是一个旷古孤独的词人，于岁月的蹉跎中沧桑了心境，无人曾见他老去的模样，只因容颜尚好，便魂归天际，回归那个来时地，那里无一场大雪，却也干净非常。春花秋叶，转瞬而已，与他即便是未到“点鬓星星”，也需遇酒一场大醉，再也不问那千秋万岁名是何等的风光。

这样一个孤僻寂寞的人，其实最需要安慰，他不需要寻常劝慰的语言，只需一个知己就足矣。这知己，曾是他挚爱一生的妻子，也是那与他灵魂相近的自然万物。贾宝玉是个“痴儿”，既对情痴，也对万物有情，鸟儿、鱼儿都可以是他倾诉的对象；对天下至情至性之人而言，有情众生无分贵贱、种别，只要频率共振，一样是为天下第一知己。容若便是这样至情至性之人，他亦为“痴儿”，对情痴、对万物生情，尽管这动情的温度颇低，总是带着一抹冰凉的寒意。

或许就是因为这样的原因，他爱寒梅，也因此更爱雪花。

他爱，并非是由于那轻盈的身姿与舞步夺人眼球、惹人注目，不是爱它轻浮的模样，而是它能于如此冰冷残酷的气候里展现那精美绝伦而又独一无二的美，这种美，非具有高洁的灵魂而不能展现；对于纳兰，正是这份高洁，让他对雪花情有独钟。

它没有根芽，来自于无边的天际，不是象征人间富贵的牡丹所能比拟。雪花不需依靠泥土的养分，不需精心的照料，更无须供人观赏，它的存在，只为了昭示天地无言的大美，为覆盖尘埃，使命完成后便悄然消逝。

纳兰的灵魂深处，何尝不是雪花般的高洁无所待，纵然身处富贵乡中，仕途无量、子嗣圆满，但对他而言，这一切只是一朵被别人精心侍弄下的“富贵花”，看似开得灿烂，却并非自己所愿。官场的倾轧、雄心难展的无奈，出行别离的伤感，都如狂风骤雨一样摧折着他的内心，令他苦不堪言。

他本清高，不愿面对官场的尔虞我诈、阴谋计划，也不愿看到战争带来的杀戮和鲜血，更难忍离别带给他难熬的思乡与相思苦痛，只愿意化身为一朵雪花，洁白无瑕地存在着，还能用自己的力量暂时遮蔽人世的丑恶，让世间暂得一片清净。

这世间之人，只爱荣华名利，爱以牡丹为代言词的富贵，却鲜有人爱这别有根芽的洁白精灵，除却那位东晋才女外，怕是再也无人珍惜这片片雪花了吧。

少女的眼光与灵性往往极高，尤其深受诗书熏陶而又有灵气的姑娘，这位大名鼎鼎的宰相谢安的侄女，大书法家王羲之的儿媳，年少时便初露头角，展现出她充满才气与灵气的一面。“未若柳絮因风起”的典故脍炙人口，这妥帖而又充满情感的比拟令人叹绝，其中的绵绵情意与极富有神韵的比喻，成为了后世典范。谢道韫一定是见雪花飘飘扬扬，泛起了情丝种种，小小年纪纵然不知愁，却也为柳絮的缠绵所感，移情于雪花，句中尽显对纷扬雪花的喜爱。

纳兰是重情之人，又在官场、塞外经受历练，自然心中所感、所思要比小小年纪的谢道韫深刻得多。正是由于此，他反而对雪花倾注了更多的感情，嗅到了雪花更多的特质，尤其是那清冷高洁不染尘埃的模样、无根无芽不为世俗所缚的空灵，让被重重家庭礼教、仕途所困的纳兰心向往之。他的灵魂应该就是雪花的模样，只是暂困于这个躯壳而已。

除却空灵高洁，雪花也是极冰冷的，无法碰触的它融化于掌心，带来的是彻骨的寒意。纳兰离家出塞，每于无尽的旅程遇风雪，总是要叹息着，更加想念家的温度。在那个就连月光都带着寒意、夜晚吹着悲凉胡笳音的地方，无尽的沙海迎面而来，他管它叫天涯，最怕冰雪不期而至，不仅因它加重了寒意，更因为它在纳兰本就波折蹉跎的人生旅途中展现的自由与高洁，令他自感心中悲戚。

“此情已自成追忆，零落鸳鸯。雨歇微凉，十一年前梦一场”。纳兰总觉人生如梦，他半生的追求与期望，到头来总是扑空，怎能怨他多愁。吴琦曾为《饮水词》作序说：“非慧男子不能善愁，唯古诗人乃可云怨。”这样多愁多怨的纳兰，正因为多慧多情，才带着满身的愁怨向我们走来。

只是，他这一世的灵魂与躯壳都不自由，无法追逐心中所愿。但愿来生，他的魂儿如那别有根芽的雪花般，自由随性，再也不再叹息，再也不用哀愁，只于平淡岁月中得偿所愿，岁月静好。

后记

这本书需要一个后记。

如果说，出版的意义是要对自己的创作进行编辑的话，这本《一生一代一双人，相思相望不相亲——纳兰性德传》让我处心积虑。

但是在完成它以后，我又惯性地陷入忧郁的状态，觉得曾经的千言万语不说也罢。看看诗词在现代社会的处境，想想所剩不多的固守着孤夜寒窗的纳兰词信众，到底意义何在？不由自主，心情在谷底行走。有这样的情绪，毕竟还是沉不住气的小溪境界吧。在那些胸怀瀚海、与天地共吐纳的人心中，再怎么浮躁的时代，都不会改变内心的清静，处境和意义等何需鼓舌申辩？一切答案，不就在孤夜的寒窗里吗？而寒窗“苦读”不也是为了“趣味”吗？人世间的趣味，生命的趣味，与哲人闲闲对答的趣味。

这么想，也就可以关闭门户，安安静静地把墨磨下去。

还是回到这本书吧，为什么要选择纳兰词去解读？因为，纳兰词像云腾腾地蒸出的紫雾，瞬间能将人的心俘虏，让人在狂野与守旧之间受苦，在混沌与清明之间轮回，在痴恋与遗忘里缠缚，在神圣与庸俗的夹缝里喘息，在背弃与归航间踯躅，在绝望与憧憬中不断匍匐；因为，纳兰词字里起风，行间涌涛，仿佛翻滚着一波--波的情浪，倾泻着一场又一场的相思雨，流入人的胸臆当中，让人常常眼眶湿润……

但是，爬梳纳兰词后，在“爱情”“悼亡”“友情”“边塞”“人间”这五卷的分界出现的时候，我依然还没找到与纳兰对话的切入点。这些负载着不同意义的关键词，仿佛沙漠中流浪的骆驼队，不知将夜宿何处？然而，我始终相信，凭借纳兰词在词界的盛名，凭借纳兰沥血蚀骨的吟写，每一卷的每一首都能让人刻骨铭心，我只要做一个记录者，盈盈，说出他的心语，即可。

纳兰词中丰沛的为情掷地之声，虽然已过了几百年，但是依旧回响在那些活得心平气和的人身上，也回荡在人世间的须弥山上——那座被人称诵、膜拜，又无人能攀越的诗词之巉岩高峰。我们这些凡夫俗子，不管步子多么妩媚，也只能在山外仰望、徘徊、游走。偶尔，雾迷情窦，向纳兰投石问路，谁料，他亦摇头苦笑作答：“云深不知处。”

还好，天籁俱在，我们可以继续向前走。

不否认，在寻找纳兰的过程，常常感觉他从另一个时空缓缓信步走来，看见他的剑眉隐于鞘，双目如判然明珠，鼻梁似秀峰，不轻易出语的唇，还算圆满。那一刻，我所在的凝固时空好像被解冻了：记忆冲淡，藩篱消隐，心绪缥缈。纳兰却默默地将曾经超重的情感包袱，卸下来，暂时由我看管。日子像虚构的一样流淌着，耐不住鬼魅的寂寞，我打开了包袱，才发现里面竟是一本出轨的集子——《饮水词》和一沓不受控制的稿纸，纸角还在拍飞。我遂抱出来，摊在地上。也许它们已吮了数百年的雨，有些字竟然长出了霉芽儿，舀一舀，刚够一碗汤。我等纳兰来，与我共飨。

不长不短，一年来，我一直在这些苦闷的文字游戏中砍砍杀杀，最后辑成五卷，倒是各寓其旨，也各具声调，它们的确给我带来了秘密的欢愉，文字真的让我成瘾。

感谢这段与纳兰对饮的时光。

我虽不能同他一起邂逅人物、搬演故事、萌发情愫，然后放下浮浮沉沉的世间，但是我能帮他捡回文字里那一挂悲欢，掌灯刻在自己的骨头上，变成不可磨灭的甲骨文，辗转反侧的时候，一直记着那一股疼。

我虽不能与他促膝，但是我得到了最好的机会，衔文字结巢，与他同眠。我们悄悄立誓，要一生一世结伴而行，把生命、爱恋、哀伤、孤独、死亡全部交给诗词看管，只为文学守贞……

当然，书还是要收尾的，今天我不得不潜回一年前，带回在诗词里苦苦痴守挚爱的纳兰，以及搁浅在他的意识流域内的我自己。

一本书的结束是另一本书的开始，急着赶路的人，若你看到纳兰带泪的字、染血的词，咔嚓咔嚓，请沿虚线剪下。

图书在版编目（CIP）数据

一生一代一双人：纳兰容若词传 / 王一倩著．—北京：现代出版社，2017.1

ISBN 978-7-5143-5340-2

Ⅰ. ①一… Ⅱ. ①王… Ⅲ. ①纳兰性德（1654-1685）– 传记 Ⅳ. ① K825.6

中国版本图书馆 CIP 数据核字（2016）第 229361 号

一生一代一双人——纳兰容若词传

作　　者 王一倩
责任编辑 赵海燕　宋凌燕
出版发行 现代出版社
通讯地址 北京市安定门外安华里 504 号
邮政编码 100011
电　　话 010-64267325　64245264（传真）
网　　址 www.1980xd.com
电子邮箱 xiandai@vip.sina.com
印　　刷 三河市南阳印刷有限公司
开　　本 710mm×1000mm　1/16
印　　张 13.75
版　　次 2017 年 1 月第 1 版　2017 年 1 月第 1 次印刷
书　　号 ISBN 978-7-5143-5340-2
定　　价 36.00 元